古法造纸与传统村落发展

石桥

“传统村落与乡村振兴”丛书

GUFA ZAOZHI YU CHUANTONG CUNLUO FAZHAN　SHIQIAO

何茂莉 / 著

图书在版编目（CIP）数据

古法造纸与传统村落发展：石桥 / 何茂莉著. --
贵阳：贵州大学出版社，2019.12
（传统村落与乡村振兴丛书）
ISBN 978-7-5691-0311-3

Ⅰ.①古… Ⅱ.①何… Ⅲ.①手工－造纸－介绍－丹寨县②村落－概况－丹寨县 Ⅳ.①K927.35

中国版本图书馆CIP数据核字（2020）第011415号

古法造纸与传统村落发展：石桥

著　　者：何茂莉

出 版 人：闵　军
责任编辑：郭晓林　江　琼
装帧设计：陈　丽

出版发行：贵州大学出版社有限责任公司
地址：贵阳市花溪区贵州大学北校区出版大楼
邮编：550025　电话：0851-88291180
印　　刷：贵州思捷华彩印刷有限公司
开　　本：710 毫米×1000 毫米　1/16
印　　张：19
字　　数：294千字
版　　次：2019年12月第1版
印　　次：2019年12月第1次印刷

书　　号：ISBN 978-7-5691-0311-3
定　　价：60.00元

总 序

◎李建军

中国传统村落和民族特色村寨，均是指村落形成较早，拥有物质形态和非物质形态，具有一定历史、文化、科学、艺术、经济、社会价值，应予以保护的村落。传统村落被认为是农耕文明的“活化石”。随着我国工业化、城镇化的快速推进，传统村落正迅速消失，面临着消亡的危机。2000年，我国的自然村总数为363万个，到2010年锐减为271万个，这对传统的农耕国家来说是个惊人的数字，它显示了村落消亡势头的迅猛和不可阻挡，也警示了传统村落的拯救与保护刻不容缓。因此，自2012年4月起，国家住房和城乡建设部、文化部、国家文物局、财政部联合开展了中国传统村落的系统调查。同年9月，上述部委联合成立了由民俗学、建筑学、规划学、艺术学、人类学、遗产学等专家组成的专家委员会，评审、编制“中国传统村落名录”。

贵州一直以来都是一个多民族共居的省份，丰富的少数民族文化和独特的少数民族风情构成了贵州独具魅力的风景线，民族特色村寨遍及各地。贵州又是我国传统村落的“大本营”，传统村落与丰富多彩的非物质文化遗产交相辉映，具有分布密集、保存完整、民族特色鲜明的特征。2016年，贵州启动了评选、保护少数民族特色村寨的活动；2017年，贵州省人民政府颁发了《贵州省传统村落保护和发展条例》。根据相关记载，截至2019年底，中国传统村落数量已达到6819个，其中贵州省有724个，占全国总数的10.62%，位列全国之首；其中贵州省的全国少数民族特色村寨共计312个，占全国总数的18.89%，位居全国第一；属于贵州省级少数民族特色村寨的共计1329个。数量众多的传统村落和少数民族特色村寨，是贵州山地文化和农耕文明的结晶，是贵州民族历史文化的重要载体和靓丽的文化软实力名片。在贵州，“看得见山，望得见水，记得住乡愁”的美丽乡村景观比比皆是，这对巩固脱贫成果、建设美丽乡村和推进乡村振兴战略具有极为重要的价值。保护和发展传统村落、民族特色村寨，无疑是贵州乃至全国一项集保护传统、传承文化、留住乡愁、振兴乡村、全面小康、人与自然和谐共生为一体的系统而又重要的工程。而利用民族学、历史学、文化学、社会学、人类学等学科理论与研究方法，记录传统村落的民风民俗、精神风貌、地方性知识、文化教育，寻索传统村落依托资源、因地制宜、绿色发展、可持续保护之路，探究传统村落“保护优先、突出特色、科学规划、活态传承、合理利用”之策，不仅势在必行，而且迫在眉睫。

正是基于上述诸端，贵州大学历史与民族文化学院于2019年启动了“传统村落与乡村振兴”中长期持续联动项目。项目第一期主要聚焦于传统村落、少数民族特色村寨富集的黔东南苗族侗族自治州，选取其中最为典型、最具范式意义的村落13个，按照一村一题、一村一书的形式，结合当地实情和田野调查素材，从方志著述、历史研究、史志结合、村落保护等角度展开研究。呈现于读者面前的是由贵州大学出版社出版的首批项目成果。

该丛书以马克思列宁主义、毛泽东思想、邓小平理论、“三个代表”重要思想、科学发展观、习近平新时代中国特色社会主义思想为指导，坚持辩证唯物主义和历史唯物主义的立场、观点和方法，存真求实，注重知识性、学术性与资治性的结合，较为全面、客观、系统地记述了村落的发展变化进程和改革开放成果，在内容上体现了特色鲜明、个性突出而又科学系统的特征。丛书图文并茂，文风严谨、朴实、简洁、通俗，注重记叙性与可读性、资料性与学术性的统一。在传承和抢救乡土历史文化、激发爱国爱乡情怀、保护发展传统村落和民族特色村寨、实现乡村振兴等方面具有积极的意义和重要价值。

贵州大学是我国西部历史悠久的综合性大学。学校正在紧紧围绕立德树人的根本任务，加快推进“双一流”高水平大学的建设。百余年来，特别是在改革开放以来的办学进程中，学校十分注重学生自信心、自豪感、自主性、创造性的提升，尤其高度重视文科的人才培养、科学研究、服务社会、文化传承创新与国际合作交流等工作。全面推进和深入开展“新文科建设”和“大地论文”工程已成为学校内涵发展、质量提级的重要途径。学校期待文科师生在科学研究与人才培养上以党的教育方针和习近平总书记关于高等教育的讲话精神为引领，紧密结合贵州“三大战略”，走进乡村联系实际，深入调查科学研究，产出一批批源于大地、服务发展的优秀成果，为实现全面小康，为开创百姓富、生态美的多彩贵州新未来做出更多、更大的贡献。

是为序。

前言

贵州省丹寨县石桥村，一个与古法造纸紧密联系在一起的民族村，一个将造纸作为社会记忆和文化联结的传统村落。在乡村振兴的背景下，石桥村以古法造纸为文化符号，传统农业持续发展，农村新兴产业初见成效，使这一古老村寨展现出源源不断的活力。造纸术是我国古代“四大发明”之一，是中华民族对世界文明十分宝贵的一项贡献，极大促进了世界科学文化的传播与交流，深刻影响了世界历史的进程。

石桥皮纸制作的技艺古老而传统，据考证，其传承于唐代造纸技艺，是石桥先民利用当地的构皮树及独特的水资源为原料制作而成。现存石桥古法造纸的主要原料为构皮和杉根，与《后汉书·蔡伦传》中所记载的用树肤（皮）、麻头、敝布、渔网为原材料很相似。技艺流程与明朝宋应星的《天工开物》记载的图解基本一致。石桥纸产品有白皮纸和彩色纸两种，有云龙纸、皱褶纸、凹凸纸、压平纸、花草纸、麻丝纸、书画纸（贵纸）、迎春纸（古籍修缮纸）等系列。石桥村拥有 200 多种纸产品，包括纸灯笼、彩纸笔记本、彩纸扇子、彩纸书签等。

何为纸？《说文解字》的解释是：“纸，絮一苫也。”纸就是漂浮在水中分散的絮状纤维经过滤水的帘子均匀沉积而成的物品。《辞海》（1979 年版）中解释道：“用以书写、印刷、绘画或包装等的片状纤维制品。一般由经过制浆处理的植物纤维的水悬浮液，在过滤网上交错组合，初步脱水，再经压榨、烘干而成。”

关于纸的发明，目前学界尚无统一认识。较为公认的说法是东汉蔡伦在元兴元年（105 年）改进了纸，其标志性事件是“蔡伦献纸”。蔡伦总结以往的造纸经验革新造纸工艺，终于制成了“蔡侯纸”。蔡伦奏报朝廷后，汉和帝下令推广他的造纸法。在蔡伦之前已经有了较为粗糙的麻纸生产，蔡伦改良了生产工艺，尤其是加入了“捣浆”这一关键环节，并运用自己的特殊身份，使得纸的生产和利用迅速在社会上推广开来。在“谁是真正的纸的发明者”这个问题上，20世纪80年代有两种声音，一是崇尚蔡伦为造纸的祖师爷，二是认为造纸术是广大劳动人民的智慧结晶。虽然争议不断，但是蔡伦为造纸术的发明者这一观点后来也得到许多中外学者的引用。现在，造纸术的起源时间被公认为是东汉。

传统手工纸至今仍然在我国至少20个省、市、自治区存在着，具体的分布地点有：北京市德承贡纸坊；河北省迁安市桑皮纸；山西省沁源县中裕乡麻纸，柳林县孟门桑皮纸，定襄县蒋村麻纸；陕西省西安市北张村皮纸；河南省新密市大隗镇手工纸；山东省曲阜市桑皮纸；安徽省泾县宣纸，岳西县和潜山桑皮纸；浙江省杭州市富阳竹纸，宁波市奉化棠云纸，温州市泽雅和湖岭皮纸，安吉县龙王村竹纸；江西省上犹县竹纸，铅山县连四纸，铅山县鹅湖镇门石村竹纸，奉新县石溪村竹纸，上饶市花厅镇竹纸；福建省连城县连史纸，宁化县玉扣纸，将乐县毛边纸；台湾省南投县埔里广兴纸寮；湖南省隆回县滩头竹纸，洪江市土溪乡双龙村竹纸，耒阳市黄市镇竹纸（蔡伦故乡）；广西壮族自治区河池市大化贡川瑶族皮纸；广东省阳江市竹纸，肇庆市四会竹纸；贵州省长顺县翁贵皮纸，丹寨县石桥皮纸，从江县西山镇秋卡瑶寨棉纸（浇纸法），从江县斗里乡皮纸、稻草纸，贵阳市乌当区新堡布依族乡白水河（香纸沟）竹纸，铜仁市印江白皮纸，贞丰县小屯皮纸；云南省迪庆藏族自治州香格里拉纳西东巴纸（浇纸法、抄纸法混合），西双版纳傣族自治州缅纸（浇纸法），德宏傣族景颇族自治州缅纸（浇纸法），腾冲市界头乡龙上寨皮纸，耿马县孟定镇芒团村皮纸（浇纸法），普洱市澜沧县上允镇芒角村芒京寨傣崩人构皮纸（浇纸法）；西藏自治区尼木藏纸（浇纸法）；四川省德格县印经院藏纸（浇纸法），夹江县竹纸，洪雅县雅纸；甘肃省陇南市康县寺台皮、竹、草纸，陇南市西和县西高山乡皮纸；新疆维吾尔自治区和田市墨玉县桑皮纸（浇纸法）。[①]

《天工开物》中记载："凡造竹纸，事出南方，而闽省独专其盛。当笋生之后，看视山窝深浅，其竹以将生枝叶者为上料。节界芒种，则登山斫伐。截断五七尺长，就于本山开塘一口，注水其中漂浸。恐塘水有涸时，则用竹枧通引，不断瀑流注入。浸至百日之外，加功槌洗，洗去粗壳与青皮，其中竹穰形同苎麻样。用上好石灰化汁涂浆，入楻桶下煮，火以八日八夜为率。"

徐建青曾经指出，造纸需要大量用水，所以清代前期造纸业虽已遍及南北各地，但仍主要集中在南方的福建、江西、安徽、浙江、四川、湖南、广西等地[②]。近代以来，关于手工造纸术的研究，主要集中在对中国南方地区手工造纸术的研究上。潘吉星[③]和唐立[④]分别对西南大区少数民族手工造纸的历史和工艺做了概括。费孝通与张之毅[⑤]也对云南少数民族地区的手工造纸状况做过简单的描述，并介绍了古法造纸工艺。李晓岑、朱霞所著的《云南少数民族手工造纸》[⑥]是国内第一部全面地、系统地研究云南少数民族手工造纸工艺的学术专著，作者主要对云南的白族、彝族、纳西族、哈尼族、傣族、瑶族等少数民族的造纸工艺进行了田野考察，从而将造纸的一系列工艺过程，如造纸原料的选取、造纸工具的使用、纸药的选择、裁纸乃至纸品的用途等都做了详细介绍。这本书以实地考察为基础，并与文献考证、古纸分析、技术研究等方法有机结合，展示了许多鲜为人知的手工造纸技艺细节和少数民族民俗资料。肖坤冰和杨正文[⑦]也通过对四川夹江地区造纸术进行调查，探讨了在夹江地区围绕"造

---

① 罗文伯：《中国手工造纸的现代化建构研究——基于典型手工纸田野调查的文化思考》，中国科学技术大学，2017。

② 徐建青：《清代的造纸业》，《中国史研究》1997 年第 3 期。

③ 潘吉星：《中国科学技术史：造纸与印刷卷》，科学出版社，2016。

④ 唐立：《云南物质文化·生活技术卷》，云南教育出版社，2000。

⑤ 费孝通、张之毅：《云南三村》，社会科学文献出版社，2006。

⑥ 李晓岑、朱霞：《云南少数民族手工造纸》，云南美术出版社，1999。

⑦ 肖坤冰、杨正文：《纸行天下：清朝夹江地区的手工造纸业与地方政治》，《西南民族大学学报（人文社科版）》2009 年第 10 期。

纸”国家、社会与地方社会内部的互动过程，在纸的流通过程中，追溯其折射出的各种社会群体之间的互动与博弈。

事实上，学界关于南方造纸术的研究，主要还是集中在少数民族造纸术的研究之上。正如陈虹利、韦丹芳[①]所言：由于机械造纸术的出现，传统的造纸工艺已经面临失传，而少数民族由于历史原因，还保存较为完好的传统造纸技艺。所以，近代以来，在对手工造纸术的研究文献中，多是关注西南少数民族造纸术的研究。如李晓岑对纳西族手工造纸术的研究、朱霞[②]对广西壮族手工造纸的调查研究等。邓文通[③]在《瑶族传统科技中的造纸术》一文中认为：传统造纸术的应用较为局限，滞销导致了生产链的断裂，使得传统造纸术面临破产和失传。总之，关于南方造纸术的研究较多，而对北方造纸术的研究相对较少。

无论是南方还是北方，造纸术多以地方特色文化的形式记录在地方志中，如北方的《新城县志》[④]、南方的《印江县志》[⑤]等。

贵州传统手工纸可追溯到明代，《贵州通志》中载，明万历年间贵阳府建有一个纸厂，“招募浙纸匠于鱼铺湾”制造各色纸张。龙里卫城东也有纸局，“郡人造纸于此”。贵州传统手工纸的主要产地有贵阳、程蕃（惠水）、都匀、龙里、新添（贵定）、平越（福泉）、清平、兴隆、威清（清镇）、普安（盘州）、安顺、平坝、安庄（关岭）、镇宁、安南（晴隆）、毕节、赤水、黄平，明末增加了印江。

明代初期，中央王朝为巩固边防，实行了屯田、迁民的政策。屯田分为军屯和民屯两种，大体是由长江下游人口密集区向北、西、南三个方向辐射，

---

① 陈虹利、韦丹芳：《西南民族地区手工造纸研究综述》，《广西民族大学学报（自然科学版）》2010 年第 4 期。

② 朱霞：《广西壮族手工造纸及用纸习俗的调研》，《云南社会科学》2004 年第 3 期。

③ 邓文通：《瑶族传统科技中的造纸术》，《广西民族学院学报（自然科学版）》2001 年第 2 期。

④ 张雨苍、王树枬：《新城县志》，据民国二十四年铅印本影印，成文出版社印行。

⑤ 印江土家族苗族自治县县志编撰委员会：《印江土家族苗族自治县县志》，1992。

从平原向山区推进，“所有这些流徙之人，或作商人、手工业者，或作衙门吏胥”，自江浙、江西、湖广、川陕等地的工匠进入贵州以后，他们成为“手艺佣工”，专精一业。按《黔南识略》中所说，迁入贵州的“贸易手艺佣工客民二万四千四百四十户”，其中就有造纸的“手艺佣工”，他们改进了贵州的手工造纸技艺，引进、开发了很多新的纸品。这些工匠落户贵州，事业延及子孙或者传授徒弟，为贵州的造纸技术扎下了根。①

虽然贵州省在古代的行政划分与现代有很大的不同，但从产纸的地理分布可以明显看到，明代时贵州的手工造纸集中于黔中、黔南、黔西南的人口稠密地区，沿滇黔古驿道沿途集中分布，分布地均为大的府、州、卫。清代至民国时期，贵州的手工造纸业继续发展，相较于明代的分布，增加了黔北遵义地区、黔东南地区，原有的黔西南、黔南地区也有新的县开始造纸，主要城镇包括遵义、郎岱、关岭、广顺、息烽、开州、绥阳、盘县（今盘州）、黔西、丹寨、正安、仁怀、兴仁。抗日战争时期，各大报社迁入贵州，为满足印刷出版的需要，造纸的产量不减反增，手工纸出现了新的繁荣。②

由于造纸原材料的关系，手工造纸坊往往分布在广大农村地区，并且多以传统家庭式的作坊形态存在。梁漱溟的《中国文化要义》对此有深入的洞察和思考，其中最核心的观点为：“传统中国社会是以家为本的伦理社会；与西方人向外用力不同，传统中国人向里用力，长于价值理性而短于工具理性；由于‘向上之心’和‘伦理情谊’早启，中国文化是属于早熟的人类文化。”③石桥村也不例外，传统的手工造纸坊大多是家庭工坊。从空间上来看，家庭式的纸作坊地点和日常生活的地点是相对重合的，家庭内部沟通比较方便，也有利于技术的保密。因此，这样封闭的纸坊可以形成很好的技艺传承，沿

① 朱玉哲：《明代以降贵州手工造纸的分布变迁及其区域特点》，《齐齐哈尔大学学报（哲学社会科学版）》2018 年第 1 期，第 122-124 页。

② 同上。

③ 梁漱溟：《中国文化要义》，上海人民出版社，2011，第 254-299 页。

袭若干代甚至几百年。[①]

目前，石桥村仍在坚持做古法造纸的农户数量少，且产业规模小。在石桥最为典型的是王兴武家，王兴武有丰富的造纸经验，开设有造纸作坊，自己既是员工也是管理者。在现代化的冲击下，曾经手工造纸行业的盛况与辉煌已经无法重现，但仍然有坚守在古法造纸行业的匠人，他们是传统造纸文化的守护者和捍卫者，这些匠人的经济状况、思想情感、对于古法造纸的认知及对传承发展问题的考虑等都将影响着中国手工造纸行业未来的发展及走向。

随着乡村振兴的步步推进，石桥村的人们生产生活井井有条，在传统文化与现代文化、传统生计与新兴产业、观光旅游与文化体验的交流碰撞中，石桥村焕发出新的活力，整个村寨的发展呈现出一幅和谐共生的画卷。

① 罗文伯：《中国手工造纸的现代化建构研究——基于典型手工纸田野调查的文化思考》，中国科学技术大学，2017。

目　录

第一章　石桥村概况

第一节　地理位置与自然环境

一、地理区位

石桥村处于东经107° 51′ 11″，北纬26° 23′ 46″，位于丹寨县南皋乡西部，距乡政府驻地约4千米，距丹寨县城35.5千米，距黔东南苗族侗族自治州府驻地凯里市34千米，距贵阳市195千米。石桥村东临偿卡村，南接太平村，西抵清江村，北与凯里市舟溪镇情郎村交界，全村面积约为10平方千米，平均海拔约为420米，是进出南皋乡的西大门，对外交通主要依托X802、S62和凯羊高速（凯里至羊甲）。

清代设堡后，称石桥堡，苗名称“羊丢”，意为汉人住的寨子，建寨于南皋河附近，南北为高山，密林葱郁。南皋河由东至西于寨北绕过，河水清澈见底。河岸怪石玲珑，风光秀丽，房屋分布为带状聚落。石桥村因寨东的天然石桥得名。民国二十年《八寨县志稿》（卷七）记载：“石桥在四区石桥堡西里许，距城北七十里。成自天然，不假人力，长约三丈，宽近二丈，高如之。水穿桥过，深及丈，游鱼出入不常。两岸怪石玲珑，莫可名状。远望若横虹，尤奇异者。”①

---

① 《八寨县志稿》点校编纂委员会：《八寨县志稿》，贵州人民出版社，2017，第54-74页。

石桥村境内自古以来，经燕山运动，地壳不断上升，此后自然地貌不断被侵蚀切割，形成了峰高谷低、沟谷交错、岭脉纵横、相对高差较大的低中山地地貌。低山宽谷，山峦重叠，切割较深，地面起伏较大，平均海拔约为750米。南皋河河面宽30米，有石拱桥通向页岩部位，上面还凿了几级石梯，石桥村一带是古生物化石的产地，这里有大量的三叶虫化石。石桥村属典型的喀斯特地貌，周边随处可见有绝壁、天然桥、溶洞。

图1.1　三叶虫化石（席禹梅摄）

图1.2　石桥正面（席禹梅摄）

境内1月均温5.4℃，7月均温23.9℃，年均温15.5℃，无霜期266天，年降水量约为1256.7～1458.3毫米，属亚热带季风性湿润气候。土壤多为黄壤、水稻土及黑色石灰土。石桥村耕地面积45公顷，其中田33公顷，土12公顷，林地面积504公顷。森林覆盖率约达66.6%，盛产杉、松、构树等重要木材，出产梨子、杨梅、猕猴桃等水果。

图1.3　大岩脚下造纸坊入口的蔡伦像（李世乾摄）

二、行政区划

石桥村原下辖石桥堡街、大簸箕苗寨、荒寨、高寨、石桥新村5个自然寨，共8个村民小组。后来由于高寨交通不便、村民户数少等，原本居住在此地的一个家族的6户王姓村民全部搬出，其后房子也已全被拆除，现今，高寨已没人居住。搬下来的农户中有2户搬到了纸街对面，3户住在纸街，还有1户住在南皋乡。2013年实施“行政村撤并方案”，太平村在区域规划上也归为石桥村。现在，石桥村共辖石桥街上（原石桥堡街）、大簸箕苗寨、荒寨、太平村和石桥新村5个自然寨。

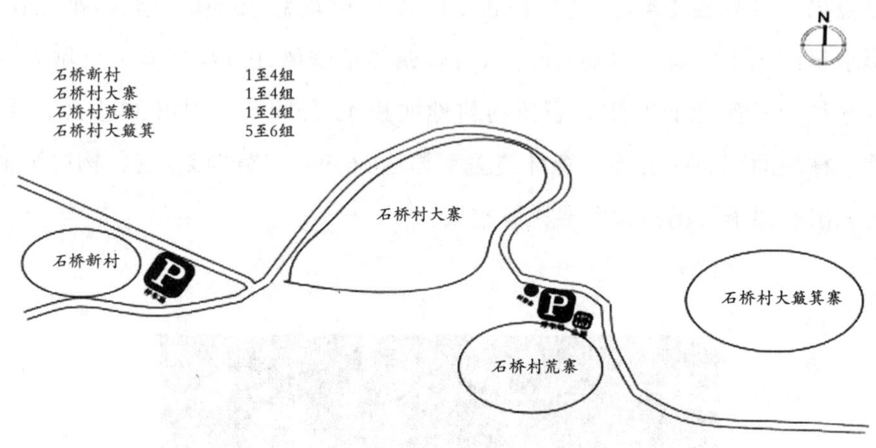

图1.4 石桥村各组分布示意图（石桥村村委会提供）

石桥街上

石桥街上包括纸街至风雨桥以及村委会和石桥小学所在区域，有 110 户村民，80% 为苗族。南皋河由东至西绕过石桥街上的北面，街上的主要活动区域为“纸街”。纸街的走向为东北至西南，街宽 5 米左右，长 400 余米。街面铺垫青色小滚石和板石，房屋均为木瓦地房，屋面规整，高低一致，房屋分布为带状聚落。据说清光绪三年（1877 年），百姓募捐修建了一座三元宫，光绪六年（1880 年），杨氏合族捐资修建了一座宗祠于街边，但现在杨氏祠堂已不复存在，原址上已经重新建起了一栋红色外观的新房，纸街两边的入口都建有砖石牌门。

大簸箕苗寨

大簸箕苗寨位于石桥村民委员会驻地东部，距离石桥村委会约 500 米，有第 5、第 6 两个村民小组，均为苗族。大簸箕苗寨是苗语的翻译，意为杉树坡上的寨子，因居住在小山包上，呈圆形，故名大簸箕苗寨，已被列为省级民族文化村寨。石大公路经过该寨南侧，南皋河绕寨而过。寨子呈圆状聚落，坐北朝南，房屋密集，多为吊脚楼。

荒寨

荒寨位于村民委员会驻地东南面，距村委会 200 米，苗名称“羊方”，系苗语直译名，意为原有人住过，后又无人烟，迁入住户后称名，故译为荒寨，成块状聚落。寨子坐东向西，寨内原有 1 个砖瓦厂，现已废弃。

石桥新村

石桥新村位于纸街西侧，在石桥去凯里方向的 802 县道岔路口旁，距离村委会约 800 米，是为发展旅游和安置搬迁的村民而建，有石桥古法造纸文化旅游景区的游客接待服务中心和新建的停车场。

高寨

高寨位于村民委员会驻地北面，距村委会 500 米的高山上，以前为第 2 村民小组，均为苗族。苗名称“别央西”，系苗语音译名，意为高坡上的寨子。高寨地势崎岖，山高林密，交通不便，面西北背东南，耕地面积少，田土有限，粮食产量小，以前的 6 户人家已经全部迁走，房屋也已拆除，高寨现已基本消失。

太平寨

太平寨居住有 125 户 565 人，是一个苗族村寨。2016 年，石桥村古村落建设项目对这里实施了新农村改造，所有建筑根据苗族吊脚楼的特点统一进行了规划建设。由于太平寨新并入石桥村行政管辖范围内，本书中对该寨的描述从简。

三、人口情况

石桥村共366户，总人数为1429人[①]，其中，苗族有1116人，占总人口的78%。此外有汉族、瑶族、水族、仫佬族、侗族、布依族、东乡族、彝族等民族杂居，王姓、罗姓、杨姓、李姓、张姓为石桥村大姓，其余姓氏有零散分布。具体姓氏人口分布情况如下表：

表1.1 石桥村姓氏人口分布情况

组别	户数（户）	人口数（人）	姓氏（依据人口数量排序）
一组	54	213	王、罗、张、文、李、吴、熊、龙、莫、杨、曾、陆
二组	51		王、李、龙、罗、潘、刘、梁、吴、杨
三组	48		王、梅、张、杨、梁、刘、余、龙、吴、陆、罗
四组	49		杨、王、蔡、刘、梁、罗、熊、孔、龙、张
五组	61		王、韦、刘
六组	60		王、李、潘、田、杨、蔺
七组	20		胡、廖、刘、龙、马、时、韦、文、熊、余、杨、王、罗、潘
八组	23		张、高、龙、王、陈、陈、常、韩、亓、秦、唐、武、叶、谢、李

石桥村属二类贫困村，366户农户中有129户是建档立卡贫困户，占比约为35.25%。其中五保户6户7人，低保户26户86人，低保扶贫户39户176人，一般贫困户54户227人，民政兜底“两无”人员26户62人，共558人，占总人口39.04%。其中2014年脱贫19户，2015年脱贫34户，2016年

① 数据来源：石桥村委会2018年4月统计数据。

脱贫57户，2017年脱贫3户，2018年脱贫9户，目前尚有7户未脱贫。建档立卡贫困户大多分布在第一至第六村民小组，第七村民小组的建档立卡贫困户仅为1户，第八村民小组没有建档立卡贫困户。石桥村共有劳动力773人；有大学文化35人、高中（中专）文化209人、初中文化602人、小学文化163人；身有残疾的31人。外出务工人数为190人，其中112人在省外务工、35人在县省内外务工、43人在县内务工，多数从事工业生产，部分从事服务行业及养殖业。石桥村村民年均可支配收入约为4817元，人均占有粮432千克。

第二节 历史沿革

石桥有记载以来的地域行政管理划分如下表所示：

表1.2 石桥历时地域行政区域划分

年份	行政区划
雍正八年（1730年）后	属永安长官司
乾隆二十年（1755年）	置石桥堡，屯军60户
民国九年（1920年）	属第4区第2保（南皋）
民国二十一年（1932年）	属南皋镇
民国三十年（1941年）	置第2保，属南皋乡公所
1951年4月	废保改建石桥行政村，215户，2021人，属南皋乡人民政府
1952年5月	完成土地改革
1953年	组织互助组
1956年	兴仁乡的太平坡等寨划入石桥村，建立光明高级社，属南皋乡人民委员会
1958年	改为石桥大队，属南皋乡人民公社

续表

1959年	属南皋管理区
1961年	称石桥大队管理委员会，属南皋人民公社管理委员会
1966年	属新南人民公社管委会，辖石桥街上1、2、3、4、5队，大簸箕苗寨6、7队，太平坡8、9、10、11队，225户，1003人
1968年	改称石桥大队革命生产委员会，属新南人民公社革命委员会
1984年至今	改为石桥村民委员会，属新南乡人民政府

石桥村因天然石桥而得名。横跨南皋河的天然石桥有着古老的传说，相传很久以前，有两条龙先后从河源而下，第一条龙把河岸的稻田全部摧毁，来到这座石壁磨角时，被雷击毙。第二条龙赶到后，看到那条龙已被击毙，用自己的身躯横拦河水，水淹了田坝，它拼命向这堵崖冲撞，崖石撞穿了，便成了这座桥。从此石桥和石壁成为游览之地，路过这里的人们都会坐下休息，一边观赏风光，一边畅叙石桥的传说。

据65岁的村民蔡大斌说，其祖籍原为都匀墨冲，后迁到石桥居住，并将都匀的古法造纸技艺带到石桥传承发展，来石桥居住最早的祖公名叫蔡育梅，按其家谱字辈推算，到石桥已有25辈，约700年历史，自称为该村最早的先民。

第三节　社会发展

石桥村主要从事农业生产和手工造纸，是著名的古法造纸技艺之乡。秦汉时期，沅水下游的楚国芭民溯流而上，石桥始有人烟。唐宋时期，溯江而上的楚地先民带来造纸技艺，纸匠个别生产，主要用于祭祀活动。明弘治年间，都匀府设立后，加速了汉文化的融入进程，书画纸坊随之在石桥逐渐兴旺，出现了穿洞纸坊。民国时期，出现了大崖脚纸槽等多家纸坊，全村造纸户达30余户。

1934年，石桥手工纸参加画纸评比获全省第二名。1957年，设公私合营石桥纸厂，次年收归地方公有。1978年，石桥纸厂改名为丹寨县国画纸厂。1982年，苗族纸匠杨大文赴加拿大多伦多展示中国古代传统造纸技艺，当年所用的工具，现存于中国历史博物馆科技馆。2006年，石桥白皮纸技艺成功申报国家级非物质文化遗产代表名录。2012年，石桥成为贵州省旅游局重点扶持景区。2013年，石桥成为全省100个重点建设景区、全省21个重点建设示范性景区、全州20个重点建设景区。据笔者统计，现在全村以家庭为单位全员从事造纸业的纯造纸户约有15户。

明代李时珍所著的《本草纲目》载："蜀人以麻、闽人以嫩竹、海人以苔、吴人以茧、楚人以楮为纸。"苗族历史上曾长期居住在楚地。楮树在当地叫构皮麻，至今仍是石桥造纸的主要原料。"构皮麻"通过水沤、浆灰、煮料、河沤、地灰蒸、漂洗、选料、碓料、袋洗、打槽、抄纸、压纸、晒纸、揭纸、包装等十多道工序，生产出白皮纸。据专家考证，石桥白皮纸制作工艺具有唐代造纸技艺风格，有效地利用当地丰富的构皮、杉根制作白皮纸。2017年，石桥村开始，石桥村的村民们每年择吉日开展祭祀蔡伦的盛大活动，场面十分壮观。2012年，石桥村入选贵州省500个特色传统民族文化村寨和黔东南100个民族文化村寨，并入选第二批"中国传统村落"名录。2014年，石桥村被国家民委授予"中国少数民族特色村寨"称号。

一、农业发展情况

据1968年石桥大队革命生产委员会的农业年报数据[①]，石桥村粮食种植总面积为113公顷，总产量为258.07万千克，其中集体的为105公顷，约占总面积的92.62%；集体的产量为253.68万千克，约占总产量的98.3%。该年种植的粮食当中，水稻52公顷，产量212.15万千克；苞谷（玉米）20公顷，产量19.45万千克；红苕（红薯）3.3公顷，产量6.13万千克；大豆6公顷，产

① 来自丹寨县档案馆资料。

量 3.2 万千克；杂粮 334 平方米，产量 0.605 万千克。总体来看，产量都较低。另外，还有小麦种植总面积为 1.56 公顷，总产量为 16.55 万千克，其中集体的为 1.32 公顷，占小麦种植总面积的 85%；集体的产量约为 14 万千克，约占总产量的 84.6%，可以看出，该年小麦也属于低产。所有种植的粮食种类中，除了玉米和小麦有少部分为社员自营以外，其他均为集体所有。1968 年，石桥村经济作物主要为花生和油菜，花生的种植面积为 0.3 公顷，产量为 167 千克，油菜的种植面积为 4.13 公顷，产量为 519.25 千克，二者均为集体所有。

2012 年由于凯里至羊甲高速公路的建设，丹寨县境地上附着物拆迁的林木补偿也根据规定兑现给了村民，阔叶林补偿标准为 600 元每平方米，马尾松补偿标准为 550 元每平方米，杉木补偿标准为 680 元每平方米。除了林地林木之外，还有零星林木补偿，比如：杉松柏椿树的补偿标准分为直径 3 ～ 5 厘米的 5 元每株，直径 6 ～ 10 厘米的 15 元每株，直径 11 ～ 15 厘米的 30 元每株 3 种类别。其他杂树分为直径 3 ～ 5 厘米的 5 元每株，直径 6 ～ 12 厘米的 10 元每株 2 种类别。另外，花椒、油桐、油茶、刺梨、无花果、漆树、金银花这些零星林木的补偿标准为：处于产前期的 20 元每株，处于初产和衰产期的 50 元每株，盛产期的 150 元每株，杨梅、枇杷的补偿标准为 250 元每株。另外还有拐枣、柿子、苹果、花红、杏、李、石榴、板栗、樱桃等零星林木，处于初产和衰产期的 100 元每株，处于盛产期的 200 元每株；柑、桔、橙、柚类处于初产和衰产期的 100 元每株，处于盛产期的 250 元每株；葡萄和猕猴桃的苗 8 元每株。水田和旱地的征地青苗补偿为 1500 元每亩。

因凯羊高速的建设，2012 年 8 月，丹寨县境正线征地青苗补偿兑付了石桥村 35 户村民共 20313.50 元，水田和旱地共 13.5423 亩。2013 年，凯羊高速公路丹寨县建设指挥部拨付石桥古法造纸厂水源被污染补偿费 12 万元，另兑付地上附着物和林木、青苗补偿费共 19.84 万元。2014 年，兑付了石桥村地上附着物和青苗补偿费共 3261.55 元。2015 年，兑付石桥村地上附着物和青苗补偿费共 6152.50 元。

二、产业发展情况

石桥村的合作社现有5个，分别是："易兴古法造纸"专业合作社（法定代表人为潘玉华，成立时间为2009年3月20日）、"黔山古法造纸"专业合作社（法定代表人为王兴武，成立时间为2009年6月15日）、"纸香产业"扶贫专业合作社（法定代表人为王成康，成立时间2016年11月9日），有2个未运行的分别是"佳香种植"专业合作社（法定代表人为杨胜梅，成立时间为2014年4月3日）和"秋给娣锦绣"专业合作社（法定代表人为李金花，成立时间为2014年8月19日）。"黔山古法造纸"专业合作社与"易兴古法造纸"专业合作社的业务主要是古法手工造纸及纸工艺品的开发、组织采购和销售。另外，石桥村还有"纸有一套"公司、"启光古纸合作社"和"蔬菜种植合作社"等，引进了贵州省古纸文化局发展有限公司，村级产业具备初步规模。

（一）古法造纸

古法手工造纸是石桥特有的民族传统工艺，是石桥村的主要产业之一，已被列入国家非物质文化遗产。据统计，石桥村现有造纸户15户，有国家级传承人、名省级传承人、县级传承人，传统工艺保持较完好。古法造纸国家级传承人王兴武家门口的牌子上写着"皮纸制作技艺传习所"。1998年，王兴武发明了彩色手工纸。2009年，他带领村里22户造纸手艺人成立石桥黔山古法造纸合作社，主要产品为"迎春"系列书画纸、国家图书馆指定文物古籍修复纸、花草纸等。王兴武店内的石桥构皮纸价格表上显示，最贵的011号迎春纸按批发价是5800元每刀（一刀是100张），零售是100元一张。2011年11月，石桥黔山古法造纸合作社获得第一批"国家级非物质文化遗产生产性保护示范基地"称号。

（二）种养殖产业

2018年以来，石桥村发展稻田养鱼31.2公顷、吊瓜种植14公顷（其中石桥村 5.4 公顷，太平村 8.6 公顷)、辣椒种植 12.6 公顷、红薯 22.7 公顷、密本南瓜 4.9 公顷、黑皮冬瓜 1.87 公顷；发展精品水果脆红李、蜂糖李 9.3 公顷；发展中药材（板蓝根）种植 14 公顷。吊瓜种植基地是黔东南苗族侗族自治州投资促进局帮扶南皋乡石桥村的项目之一，以“小吊瓜，大产业”为宣传口号，州投资促进局帮扶了石桥村开展吊瓜种植，2019 年是当地种植吊瓜的第二年，亩产值便超过了 5000 元。石桥村正着手流转更多的土地，力争把吊瓜种植发展成为石桥村的特色农业规模产业。

（三）旅游产业

近年来，随着石桥村古法造纸景区宣传力度的加大，石桥村吸引着越来越多的国内外游客前观光游览。村民除了农业种植、进城务工外，主要依靠古法造纸文化旅游产业来脱贫致富。石桥村旅游扶贫实行“公司 + 合作社 + 农户 + 旅游”的产业模式，将“旅游 + 文化”“旅游 + 服务业”和“旅游 + 扶贫”相结合，对全村的贫困户实施分批、分类脱贫，通过发展生产脱离贫困，也对少数特殊困难群体进行兜底。目前，石桥村合作社经营的收入为村集体经济收入，由村民理财小组监督资金使用情况，并实时向村民进行公示。所获得利益按照“721”机制进行利益分配，即 70% 为入股农户分红基金，20% 为合作社致富带头人分红金，10% 为合作社及村集体收入金。

第二章　古法造纸传承地

第一节　石桥古法造纸的起源与造纸遗址

一、关于石桥造纸的起源

关于石桥村造纸起源的传说有多个版本，村民有不同的讲述，包括神话传说、苗族祖先拓荒故事、石桥风物的来历传说等。比如有石桥先民蔡育梅带来造纸技艺之说，有石桥大寨与大簸箕苗寨王姓的同一祖公“努基”传授造纸技艺之说。不管是哪一个版本，都体现着石桥百姓对这项传统技艺传承溯源的关注。

古法造纸非遗传承人潘玉华认为，石桥造纸起源于黔南，是一个名叫赵玉枝的都匀人传进石桥的，1929 年，都匀的古法造纸技艺才正式进入石桥。著名画家傅抱石作画主要是用皮纸，鉴定作品是否是其真迹的方法之一就是看作画的纸张是否是皮纸，而傅抱石的作品在 1929 年以前主要是用的都匀纸。因此，潘玉华认为石桥造纸是从都匀流传过来的。而石桥村的苗族村民都说，他们的祖先从广阔的东部平原迁徙到西南的莽莽森林里，并带来了造纸技艺。

由于地处边远、交通闭塞，用纸不多，销量不大，石桥造纸长期处于家庭作坊生产状态。民国以来，随着南皋及周围一带纷纷创办了学校，民间契约普遍实行，文人互赠书画，民间剪纸、刺绣逐渐增多，纸张供不应求，石桥村才扩大了造纸规模。当时，石桥堡的大户人家投资兴办纸业，四处招工，在石桥对面的大石壁下设槽造纸，生产的白皮纸比原来的纸质好，很快打开销路，很多村民也纷纷开槽造纸。20世纪30年代初，当地的造纸户发展到30多家，产品远销湖南、四川、武汉等地。

二、造纸遗址及变迁

（一）石桥纸厂变迁

根据当地村民的回忆，石桥小学的原址以前是造纸厂，后来造纸厂搬移、倒闭，造纸也从纸厂转向个体经营。据石桥村委会资料记载，新中国成立后，石桥村白皮纸生产有了发展。1955年3月，同心造纸工业社成立。1957年10月，改建为公私合营丹寨县纸厂。1958年1月，改为地方国营丹寨县石桥村合作纸厂。“文革”初期，改石桥村合作纸厂为石桥村纸厂。1978年6月改名为丹寨县国画纸厂，厂部移至三拱桥，大石壁废止。老纸厂60岁的老员工罗阿姨回忆道：“我19岁就开始在造纸厂做事，1984年的时候，老纸厂搬了一部分到三拱桥，三拱桥是大厂，石桥小学这里是小厂，老厂这边造白纸，新厂什么纸都造。”以前的国营造纸厂的白皮纸卖到榕江，国画纸卖到北京图书馆，当时员工男女比例均衡，男工主要做煮料和抄纸等，女工主要做拣料和晒（烘）纸。

图2.1　国营造纸厂旧址（席禹梅摄）

（二）大岩脚遗址

大岩脚石壁距离石桥村村委往南皋乡方向约 150 米，石壁宽约 100 米，高约 80 米，是一座极好的天然厂房。石壁侧面有一眼清澈的泉水，前面有清亮透底的南皋河缓缓流过，这些都是造纸的水资源。大岩脚有地势优势，天然石壁往前延伸，能够遮风挡雨。根据当地人的回忆，这里以前是一个公共的造纸场所，当时设备简陋，场地也不是很宽，在这里造纸的主要是家里没有造纸条件的人家。造纸厂成立以后，大岩脚就和老造纸厂（现石桥小学旧址）合为一体，大岩脚主要是男工抄纸，造纸厂旧址则是女工晒纸。

图2.2　大岩脚造纸遗址简介（杨天一摄）

（三）穿洞遗址

穿洞遗址距村委会驻地约 1.5 千米。洞内冬暖夏凉，夏季站在洞口，清风袭来夹带点点水雾，异常凉爽舒适。洞内有一股天然泉水，水质含弱碱，适合造纸。起初，因穿洞离居民区较远且交通不便，村民并未在此处造纸，随着造纸厂的成立，穿洞被定为打纸浆的场地。现在，穿洞作为造纸遗址属于旅游景点，国家非遗传承人王兴武也在这里开设了造纸的业务，这里也成了游客体验造纸的中心。

图2.3　穿洞遗址（席禹梅摄）

（四）纸街遗址

纸街入口在风雨桥斜对面，进去就是一个四合院——杨家大院。最初，纸街两旁的房子都是木质结构的老房子，常常会有几家合住一房的情况，现在，在纸街居住的造纸人家有 4 户，他们也在纸街上开设了商铺，以销售自己的纸产品、旅游纸产品和提供造纸体验为主。纸街是外来游客到当地参观游览的重要地点，但并非单纯的旅游商业街，它还是当地百姓的生活区，街上还有百货商店和麻将馆。

图2.4　纸街（一）（席禹梅摄）

图2.5　纸街（二）（席禹梅摄）

纸街是当地重要的旅游景点，但商业化程度不高，街上“吃、住、行、游、购、娱”等旅游要素尚不完善，对于深度的旅游需求不能充分满足。

第二节　石桥造纸的原材料及使用

一方水土养一方人，石桥有丰富的构树资源，而它正是造纸的主要原材料之一。

一、石桥造纸主要原料——构皮树

图2.6　构皮树叶（席禹梅摄）

图2.7　构皮树（席禹梅摄）

构皮树即楮树，又称构树、褚桃等，为落叶乔木，高 10 ～ 20 米，树皮呈暗灰色，小枝密生有柔毛。树冠张开，卵形至广卵形；树皮平滑，浅灰色或灰褐色，不易裂；全株含乳汁，为强阳性树种，适应性强，抗逆性强。

构皮树具有速生、适应性强、分布广、易繁殖、热量高、轮伐期短等特点。其根系浅，侧根分布很广，生长快，萌芽力和分蘖力强，耐修剪，抗污染能力强。在中国的温带、热带均有分布，不论平原、丘陵或山地都能生长，其叶可做牲畜的饲料，其韧皮纤维是造纸的高级原料，材质洁白，其根和种子均可入药，树液可治皮肤病，有很高的经济价值。

构皮树皮是造纸的主要原料，除黔西北外，贵州全境基本都有分布，清代地方志之中多有记载构树可造纸。《安顺府志》记载：“构树，可造白纸。”《遵义府志》记载：“已构皮制者，曰皮纸。”《沿河县志》记载：“楮，俗名构，可造纸。”《息烽县志》记载：“白纸之原料则为构皮。”而《贵阳府志》《威宁县志》《安平县志》《平远州志》等多本方志中虽未明言构皮制纸，但其食货、物产中也均有构树出产的记载。民国时期，野生构树、水竹、阳竹等造纸的主要原料虽遍及贵州全境，但也存在过度砍伐的现象，如民国时期的《都匀县志稿》记载：“端由原料不足，然楮皮本易生称，三年便中伐入不加植，可惜也。”①

构皮树是一种桑科植物，其树皮纤维不仅长而且坚韧，苗族很早就用这些纤维来制作衣物，清代后由于棉花和麻的推广种植，构树皮逐渐被替代。但由于构皮纤维可以用作优质的造纸原料，也成为当地重要的外销土特产品。尤为重要的是，构树的叶和果实是苗族喂养猪的饲料之一，被剥皮后的枝条又可作燃料，因此，种植构树在当地具有较高的经济价值。构树的育苗与当地猪为放养的方式有很大关系，猪取食构树复果后，由于其种子有坚硬的外壳不易被消化而随猪粪一道排出，便在土边地角和草坡上分散开。来年，这些猪粪堆就成了构树种子的培养基，春雨过后就会长出一丛丛的构树苗。只需要将这些构树

① 窦全曾：《都匀县志稿》，巴蜀书社，2006，第 66-69 页。

苗就地拾取，用棍棒沿着有土的石缝掏一个浅洞，将构树苗连同猪粪一同塞入洞中，稍加压紧，就能长出构树来。3 年后可以采集构树叶喂猪，5 年以后便可以修剪枝条，剥取树皮。

关于构皮树，村里还存在一种普遍的说法："以前那些柴火都会自己跑到家来，老人就觉得柴火跑到家里来就很乱，就骂那些柴火：'你们到山上去吧，我们需要的时候再来要你们。'"说的是构树生长得特别多，都长进家里了。因为构皮树有生长快、耐修剪、轮伐期短等特性，在当地田间地头皆可见，当地人对构皮树有"越砍越发"的说法。构树皮的剥取主要是在春夏秋三季，且较集中于春夏两季。造纸使用的构皮树分为酱叶树、藤构、小构、蛇构四类，其中酱叶构和藤构做纸最好，四种构树在当地及周围各县的分布情况都差不多。

以前造纸所用的构皮都是造纸户自己在田间地头砍了剥出来的，现在主要从商贩手中购买。据称，构树皮商贩从贵阳、凯里等地进行采购。采集构树皮的一般是老人或者是家庭条件不是很好的人家，但都没有把采集构树皮当成主要的经济收入来源。按照一位龙姓妇女的说法，她与丈夫砍构树忙了一天，回家剥树皮到半夜，最后称重仅 10 斤，仅能卖 30 元。

加工过程中，被挑选出来的不要的构树皮以及在造纸过程中产生的构树皮渣有的倒入垃圾箱，有的倒在大岩脚的一个大土坑中。在很多造纸坊和煮料池里，会有一些由长时间未冲干净的构树皮腐烂、变黑而形成的物质，这种物质随着水管冲进旁边的排水沟中，最终流入南皋河。

二、石桥造纸的主要辅料

（一）滑药

滑药是指能够增加水黏稠度的物质统称。野棉花根、猕猴桃根、滑树、糯叶均可做成滑药，以前主要用杉树根、仙人掌刺等植物来加以熬制，现在由于这些植物较少，也为了减少成本，多采用聚丙烯酰胺这一类化学物质。

滑药的浓度全凭造纸匠的经验，滑药浓度高出纸会慢，且增加成本；滑药浓度低，不利于构树皮絮凝成纸浆。做每一种纸时，所用的滑药比例都不尽相同，这对造纸匠的手艺有着极高的要求。

（二）水

石桥的造纸取水主要为南皋河的河水和山泉水。

南皋的“皋”是水边高地的意思，南皋乡境内有两条河穿境而过，分别是乌高河和南皋河。南皋河是清水江上游的一条支流，绕石桥而过，呈 S 形。

石桥造纸所用的山泉水主要来自两个地方：岩头寨（大岩脚的山泉水）和大湾。石桥村人的日常生活用水基本为山泉水，其中以大岩脚的山泉水用得最多。

蒸煮构树皮的地点就在南皋河边，因此用的是南皋河水，其余的造纸步骤多用山泉水，一是因为山泉水已经有水管引到家较为方便，二是南皋河河水的杂质较多。

穿洞古法造纸遗址用水则为溶洞流水。穿洞洞口宽、内部窄，洞内有暗河，长年有一股溪水流出，穿洞外有一指示牌介绍：“穿洞中流出的水水质非常好，自古就有匠人在穿洞口建坊造纸，民国后期就有 10 余家。经检测，穿洞水质含弱碱性，造出的纸保存年限长达 1500 年，被国家图书馆、国家博物馆指定为文物古籍修复纸。”

（三）石灰

石桥造纸所需石灰主要从凯里采购。石灰的腐蚀性弱，用石灰造纸工序比较繁杂，用石灰蒸煮构树皮需要三天三夜，需要耗费大量燃料和劳动力，使得造纸成本上升。为减少成本，也有用碱代替石灰的。碱的腐蚀性强，一般煮一天一夜就能完成，能够大大地节省造纸成本。两者各有利弊，用石灰虽然成本高，但是煮出来的构树皮纤维好，韧性更强。用碱煮构树皮极易破坏纤维，导致纸张韧性不足、易破。

（四）彩纸的染料

彩纸的染料多取自天然植物，黑色由枫香树的树叶提取，黄色一般提取自黄色的花朵，红色提取自火龙果等红色水果或者植物，灰色提取自稻草灰。但是像紫色或者更加复杂的颜色则要使用化工染料。

第三节　造纸工艺及传承

石桥古法造纸工序繁多，工艺复杂。从选料到成纸至少有二十道工序，根据不同的纸张，工序也有不同之处，现在的造纸工序与以前相比减少了很多，用当地人的说法是制作工序“进化”了。石桥村目前的造纸设备有露天煮甑10口、露天浸泡池10口、纸房36间、木榨34个、抄纸槽40口、木碓3张、踏碓5张。[①]

一、石桥古法造纸的工序

普通的制作工序主要包括切麻、洗涤、浸灰水、浸泡、蒸煮、选料、舂捣、打浆、抄纸、晾晒、揭纸等十多道工序。

（一）切麻

每年春夏，人们用刀把原料树（构树或藤构）砍下，剥取树皮并刮去树皮外层的褐色硬皮。每年三至五月采集的构皮质量最好，取皮的方法很简便；冬天不易取皮，选用明火灼热构枝至30℃～40℃，约烤10分钟，在根部用手一拉即可将构皮剥下，随后用刮刀去掉外层硬皮，遂呈现洁白柔软的皮麻，然后晒干备用。一般来说，一棵树一年可采伐一次。

① 数据来源于石桥村村委会。

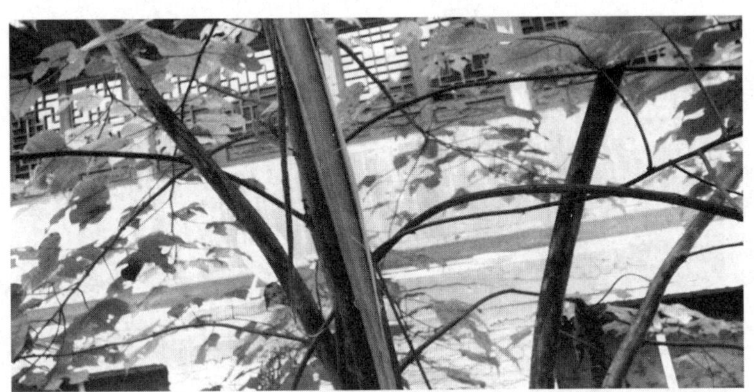

图2.8　剥构树皮（席禹梅摄）

图2.9　晒干的构树皮（席禹梅摄）

（二）水沤

把之前晒干的构树皮扎成捆状并浸泡在水里，经过自然发酵，树皮皮质松动，达到分解纤维的效果。最后泡至树皮发胀、果胶析出即可。

图2.10　浸泡干的构树皮（李世乾摄）

（三）浆灰

将浸泡过的构树皮打捞出来堆放在地上，接着用料耙、料杆等工具把泡好的构树皮钩放进已经调好的石灰浆中，裹上石灰浆，随即便捞出放进蒸煮锅里。

图2.11　浆灰（李世乾摄）

（四）煮料（第一次蒸煮）

将浆灰放在蒸煮锅中，再放入适量的柴火灰或石灰进行蒸煮，时间一般为 3 ～ 4 天，主要是分离构树皮纤维。

（五）河沤

用清水洗去煮好的构树皮上的大部分石灰，放入缸中或池中，加满清水浸泡 1 天，用棍棒搅拌、清洗后，把水放出，再换新水浸泡 1 天。如此反复，直至把料中的石灰完全洗净。或把构树皮放到河里浸泡一段时间，再清洗上面的石灰。

图2.12　浸泡第一次煮过的构树皮（席禹梅摄）

（六）地灰蒸（第二次蒸煮）

把已经清洗干净的构树皮纸料压出水分后，放入蒸煮锅里进行第二次蒸煮，两三天后，当构皮纸料变成白色时，便可取出纸料进行漂洗。

（七）漂洗

从蒸煮锅中取出纸料，用清水清洗纸料上的杂质。

图2.13　漂洗（一）（席禹梅摄）

图2.14　漂洗（二）（陈秀摄）

（八）选料

把经过蒸煮、浸泡、漂白后的构皮纸料的水分榨干，然后把比较硬的、发黄的废料扔掉，一根一根地挑选出适合做纸的材料，再扎成捆状。

图2.15　榨干的构皮纸料（陈秀摄）

图2.16　选料（李世乾摄）

图2.17　在河里选料（李世乾摄）

（九）舂捣（打浆）

把已经选好的纸料放入石臼、石碓或木碓里捣成絮状。这一步主要是把纸料的纤维组织细化，有利于纸张的形成及成纸后纸张的韧性更强。

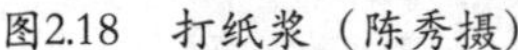

图2.18　打纸浆（陈秀摄）

图2.19　打出来的纸浆（席禹梅摄）

（十）袋洗

用袋子把已经舂捣好的纸料装起来用水冲洗。

图2.20　袋洗（周平摄）

（十一）添加滑药

将棉絮纸浆放入抄纸用的抄纸槽（抄纸槽是用来存放纸浆的，一般长 1.7 米、宽 0.9 米、深 1 米，由木板或石头制成，石桥村的抄纸槽大多是水泥砌成的。）按一定的比例兑水并添加滑药，搅拌均匀。调查发现，为了便捷、高效产出，有些造纸师傅使用聚丙烯酰胺代替原生态植物滑药（银杉根、猕猴桃藤、野棉花根、糯叶等）。访问得知，添加滑药主要是利于把榨干的纸料剥离开来，也利于纸料纤维凝结，滑药量的把握也是纸张质量优劣的重要因素。

图2.21　纸浆（席禹梅摄）

（十二）搅拌

用搅拌机或搅槽棍再一次在抄纸槽中搅拌，使呈纤维状的纸絮更加均匀，比较坚硬的纸浆会缠绕在搅拌机上，起到再一次筛选、过滤废料的作用。

图2.22　搅拌纸浆（周平摄）

（十三）抄纸

让纸料纤维均匀地分布于水缸浆液内，然后将抄纸架的矩形纸帘放于木架上，双手平抬，插入纸浆内，反复抄动几次，倒出剩余的浆水后，即得到一张“湿纸”，将抄成的一张张湿纸堆成一摞，形状就像一块四四方方的水豆腐。

图2.23　抄纸的房间（席禹梅摄）

图2.24　抄纸（周平摄）

（十四）压纸

把一摞湿纸放在“老虎凳”上，再放上木板，用绳将木板系紧，使用杠杆原理榨出水分，使纸呈半干状态。

图2.25　压纸（一）（周平摄）

图2.26　压纸（二）（周平摄）

（十五）晒纸

榨干水分后，用木板把纸抬到纸焙墙（即烤纸火墙，是将纸焙干的设备，由钢铁打造成梯子型，高 1.6 米，宽 3 米，纸焙下方有一个槽，用来烧煤，使纸焙墙的温度控制在 30℃左右），把榨干的纸趁潮湿贴在纸焙墙上烘 20 分钟左右，再轻柔地将纸一张张揭开贴于火墙上，也可将其置于阳光下晾晒。

图2.27　晒纸（席禹梅摄）

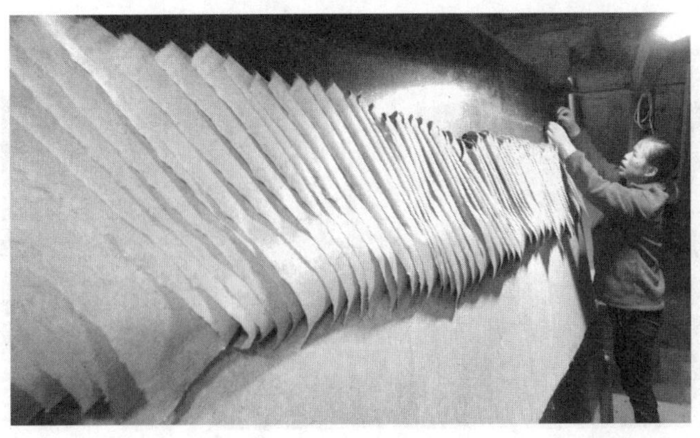

图2.28　揭纸（席禹梅摄）

图2.29　晒迎春纸（陈秀摄）

二、古法造纸的工具

制造白皮纸的主要器具和设备分为两大类：麻料制作工具和制纸工具。麻料制作时用到的工具有纸甑、踏碓和木碓、料槽、洗料袋、料耙、料杆等；制纸时用到的工具有纸浆槽、纸帘、压纸架、刷把、纸焙等。纸浆槽为砖砌而成，既方便又节省开支，也可以根据需要自己调节纸浆槽的大小；也有少部分纸浆槽用木头制成。纸帘是造纸时必备的器具，又称为滤帘、竹帘，以前一般用竹子编制而成，现在也有用纱窗网、细铁丝网制成的。

图2.30　煮料池（席禹梅摄）

图2.31 打浆槽的结构（席禹梅摄）

图2.32 打浆槽（一）（席禹梅摄）

图2.33 打浆槽（二）（席禹梅摄）

图2.34　纸帘（席禹梅摄）

图2.35　纸浆槽（一）（席禹梅摄）

图2.36　纸浆槽（二）（席禹梅摄）

图2.37　纸浆槽（三）（席禹梅摄）

图2.38　压纸架（席禹梅摄）

图2.39　纸焙墙（席禹梅摄）

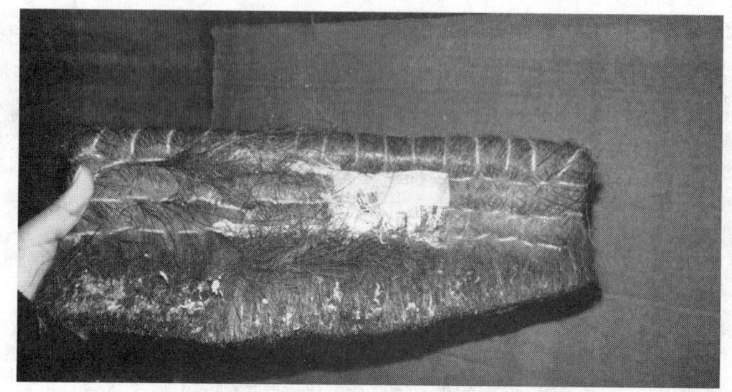

图2.40　刷把（席禹梅摄）

图2.41　木碓（席禹梅摄）

图2.42　制作花草纸的桌子（一）（席禹梅摄）

图2.43　制作花草纸的桌子（二）（席禹梅摄）

三、成为非物质文化遗产的石桥古法造纸

无论在什么行业中，人都是最关键、最核心的要素。经过上千年历史洗礼的手工造纸业，也成为一代又一代造纸人展示自己、供养家庭、奉献社会的舞台。从古至今，中国传统手工纸的工匠们用他们的智慧和勤劳诠释着工匠精神。石桥古法造纸的传承方式主要靠代代相传、言传身教。

造纸类非遗传承人一般是家传或师徒传承的造纸技艺者。他们掌握着当地代表性纸种制作的“独门绝学”，凭着这门手艺获得传承人的头衔，同时也享受政府每年 2 ～ 5 万元的津贴。由于官方认定的非遗传承人在一项非物质文化遗产项目中的名额有限且需要基层政府组织推荐，在当地就会存在“传承人”的称号受到政府认可却未被当地人认可的情况。

以下是石桥村拥有“非遗”称号及在当地从事手工纸制造的名录：

王兴武，2009 年获称县级、国家级非物质文化遗产项目代表性传承人，传承项目：石桥古法造纸。

潘玉华，2009 年获称县级、省级非物质文化遗产项目代表性传承人，传承项目：石桥古法造纸。

杨大文，2009 年获称县级非物质文化遗产项目代表性传承人，传承项目：皮纸制作技艺。

表 1.3　石桥造纸户花名册（部分）

姓名	年龄（岁）	性别	民族	地址
王兴武	53	男	汉	南皋乡石桥村一组
梅锦林	48	男	汉	南皋乡石桥村三组
梅锦友	53	男	汉	南皋乡石桥村三组
王正芝	52	女	苗	南皋乡石桥村三组
杨开成	54	男	汉	南皋乡石桥村三组
杨开平	47	男	汉	南皋乡石桥村三组
王启辉	33	男	苗	南皋乡石桥村四组
杨庆奎	47	男	汉	南皋乡石桥村四组
王家象	61	男	汉	南皋乡石桥村一组
王家举	47	男	汉	南皋乡石桥村一组
刘光先	48	男	汉	南皋乡石桥村三组
潘玉华	44	男	苗	南皋乡石桥村二组
王明翰	37	男	苗	南皋乡石桥村四组
王邵祥	60	男	苗	南皋乡石桥村三组

第四节　纸张的分类及使用

一、石桥古法造纸纸张分类

从不同维度可以把纸张归为几大类，下面从纸张的主要原料、抄造方法以及纸张用途 3 个方面来分类。

（一）从主要原料上划分

手工造纸的主要原料可分为韧皮纤维和茎秆纤维两大类。石桥古法造纸所使用的主要原料为构树皮，为韧皮纤维，是构树的韧皮部位，这样造出来的纸为皮纸类。

（二）从抄造方法划分

石桥纸的抄造方法有抄纸法和浇纸法，当地人称的“白皮纸”即民用纸，多为抄纸法抄造，而工艺品用纸大多以浇纸法做成。

抄纸法与浇纸法主要有两点不同：一是抄纸法需要添加滑药，这样有利于纸张的分张，而浇纸法则不需要分张。二是抄纸方式不同，抄纸法需要把已经打好的纸浆放到水槽中不断用搅槽棒或搅拌机搅拌以分散纸絮，随后，抄纸工需要使用一个夹着抄纸帘的活动式的帘架，利用帘架把纸槽中的纸浆来回抄捞，然后打开帘架把纸帘上的湿纸放置在老虎凳上滤水，这样做出来的纸更加细腻；而浇纸法则需要使用固定的纸框，纸浆浇到平放的纸框里并均匀摊开，一个纸框只能浇一张纸。

（三）从纸张用途划分

按纸张用途可基本分为：文化用纸、日常生活用纸、工业用纸。

文化用纸主要指印刷和书画用纸、旅游工艺品用纸。虽然现在的机械纸已经占有较大的市场份额，但是依然有一些高端的文化类书籍为了图书能长久地收藏，会选用手工纸来印刷。在纸张的润墨性、延展性等硬核指标与文化氛围上，手工纸都具有机械纸不能比拟的绝对优势。画家、书法家、美术学院的老师和学生以及一些书画爱好者是当下文化用纸消费的主力。在石桥，典型的文化用纸是迎春纸和贵纸。

图2.44　制作纸画（周平摄）

现在石桥的文化用纸主要用在旅游工艺品上，随着石桥旅游市场的开发，人们不断地研发和创新出多种美观的工艺纸品。如纸灯笼、纸伞、纸扇、纸包、刺绣纸等。纸灯笼、纸伞等可以根据个人喜好制作出不同颜色、不同花纹的罩面，是较有吸引力的旅游文化产品。

现在，越来越多新颖的手工纸抽象艺术和后现代艺术不断涌现出来，关于纸的各种设计和展览也层出不穷，这又赋予了传统手工艺纸新的生命力。

图2.45　纸伞（席禹梅摄）

日常生活用纸可以分为卫生用纸和民俗用纸。卫生用纸也是手纸或草纸，主要在机械纸尚未普及之前使用。民俗用纸是指祭祀、部分民族地区鬼师和道士抄写经卷或者画符等用的纸品。祭祀用得最多的是黄纸，主要是在祖先牌位或墓碑前焚烧，充当了人与冥界沟通的“信使”。据村民说，以前祭祀用纸的主要材料是草和竹，由于其价格较低、盈利少，后来造纸户便放弃制作这种黄纸了。现在，石桥最多的民俗用纸为“白皮纸”，清明节用的挂青纸、丧葬仪式中垫在棺材里的纸和部分抄写经书的纸，都是用的白皮纸。

图2.46 纸灯笼（席禹梅摄）

工业用纸主要是包装纸、装修纸等。随着技术的进步和人们不断地创新，这一类纸的种类也在不断增加。包装纸以茅台酒定制用来封坛的纸最为典型。装修纸主要是向某些商场或是私人提供，大多被用来做墙纸或大型展览中灯饰的灯面。

（四）石桥当地对于手工纸的分类

以“丹寨石桥黔山古法造纸专业合作社纸产品清单”为例，其中大类共

14 种，包括迎春纸、百年老纸、古籍封面纸、贵纸、云秀纸、云龙纸、落水纸、特种彩色纸、麻丝纸、凹凸纸、皮纸、皱纹纸、捆钞纸、鲜花草纸。再往下细分，纸的具体品类达 138 种。

二、石桥村纸的使用

在石桥村，纸的主要用途是清明挂青、做风筝、做鞋、包银饰及服饰等。近年来，得益于石桥古法造纸技艺与文化宣传的加强，造纸业渐渐显现出革新以便迎合更大的市场。

随着贵州旅游业的发展，很多人加入了造纸业的大军，造纸产业慢慢变得专业化。为了迎合市场和游客，逐渐从以前原始的“皮纸”衍生出了众多的纸类型，如花草纸、迎春纸等。

虽然石桥在发展旅游业，但其发展并未像预期那样红红火火。目前，当地旅游业处于不温不火的“半停滞”状态，一些没有竞争优势的造纸个体户退出了造纸的舞台，其余造纸户从迎合旅游市场又慢慢转向做定制。在长期的发展竞争中，非遗传承人王兴武家属于“造纸大户”，拥有着别家望尘莫及的订单数，这些订单都按照客户的要求来生产，比如国家图书馆以及茅台酒厂的订单，国家图书馆订制的就是专门用来修复古籍的“迎春纸”。

（一）民用纸的运用

丧葬用纸：垫在棺材里的白皮纸。一场丧葬仪式大概需要用五百张白皮纸，一般在 100 ～ 200 张，其他的就做坟飘，去世的老人多少岁就做多少个“望山钱”，鬼师或道士也用白皮纸来抄经书。

挂青纸：挂青纸应该是民用纸中用量最大的，每年春节后、清明节前是石桥造纸的旺季，这时的构树皮很嫩，容易剥皮且适合做纸，大多数造纸户都开始造纸、囤纸，等到清明节时卖。做出整张纸后，需要再次加工，手工打出挂青纸的样式。

图2.47　清明纸（周平摄）

刺绣用纸：石桥苗族的服饰上有较大面积的精美刺绣，而做出这些精美的刺绣都会用到石桥的手工纸。具体的使用方法是：先把花样用糨糊糊在纸上，用笔在纸上画出图案，用刀挖出图案，并在纸上画出行针的路线，再把纸糊在布上，就可以开始刺绣了。一件衣服大概要用 3 张纸，这种纸的质地比较厚且比较硬，一直以来都很受当地妇女的喜欢。如一位擅长刺绣的苗族阿姐讲述道："虽然现在也有机械纸，但是还是这个更好用一些，机械纸更薄一些，也比较容易破。"不过，总体而言，现在刺绣纸的用量也在减少。

图2.48　刺绣中会用到的手工纸（周平摄）

（二）书画纸的运用

1. 书画纸

书画纸是纸张更细腻的白皮纸。其主要的原材料为构树皮，书画纸的构树皮选用较为严格，因为大部分的书画纸较普通的民用纸而言，纸张更薄且韧性更强，纤维均匀、细腻的纸絮造出来的纸张纸质洁白、柔韧性、吸水性强、润墨性能优良。

我国的书画纸产品还远销西欧和东南亚、澳大利亚等国家和地区，深受海内外人士的喜爱。书画纸全程手工制作，在使用过程中，墨色在纸上会产生出不同的肌理效果，所以它是适用于书画作品的上好纸品。石桥书画纸主要是外来游客购买或是按需求给外地客户定做，做好后通过邮寄的方式发给客户，还有众多美术院校的学生在老师的带领下来石桥写生学习，并在当地消费或通过订单购买书画纸。

2. 贵纸

贵纸是在白皮纸的基础上开发出来的新型宣纸，它的生产需要极为细腻的纸浆。相比于其他地区生产的宣纸，石桥村的宣纸柔韧性、光泽度、吸水性都更好。如果把一张崭新的贵纸放在水里，浸泡几天后，依然可以捞出一张完整的湿纸，平整晒干之后得到的还是一张完整的宣纸，依然可以正常作画。

3. 迎春纸

迎春纸是我国国家图书馆指定的修复古籍专用纸之一，其 pH 酸碱值严格控制在 7.8。据鉴定，其保存年限在 50 年以上。

4. 工艺品用纸

工艺品用纸是根据顾客要求定做的，不同的纸张用途也不尽相同。如使用浇纸法做出的花草纸可以做成灯笼、扇子、笔记本等，使用抄纸法做出来的纸可以用作包装纸、装饰纸等。工艺品用纸中较为典型的为花草和彩色特种纸。

花草纸不同于其他纸的奥妙就在于可以看见真正的花草。现在，花草纸和用花草纸做出来的各种小手工艺品已是石桥村的招牌产品，也成为当地发展旅游重点的特色项目。用花草纸做出来的工艺品古朴雅致，而且使花草天然的形态得到了最大程度的保留。很多外国客商也正是看中了花草纸这种独特的美感，纷纷前来订购。[①]

图2.49　体验制作花草纸（周平摄）

图2.50　晾晒花草纸（席禹梅摄）

① 余未人：《乡间古法造纸》，《当代贵州》2009 年第 23 期。

彩色特种纸的创作灵感源于苗族的蜡染，蜡染所选用的颜料全部都是从植物的汁液中提取出来的。彩色特种纸是在做白皮纸用的纸浆中添加一些彩色植物以及花朵的汁液作为天然颜料，使纸浆变成其他各种颜色。

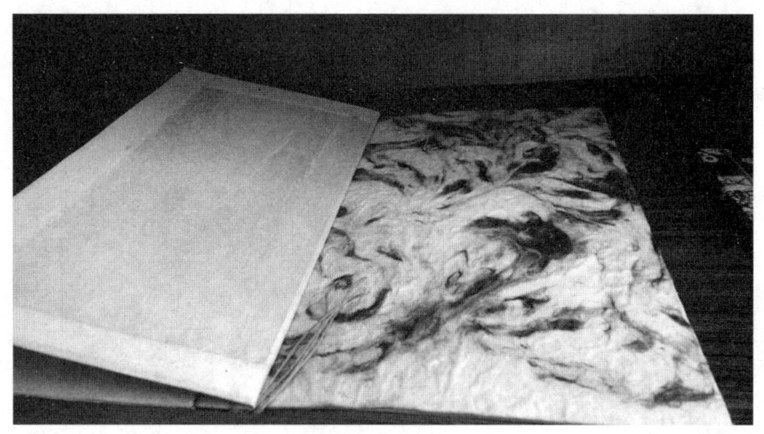

图2.51　特种彩色纸（席禹梅摄）

第三章　村落格局与传统建筑

图3.1　石桥村（席禹梅摄）

关于石桥村，有一个很古老的口头传说：过去的石桥村是一片茂密的树林，树林下是一片斗笠叶，抬头不见天，杳无人烟，虎狼成群。后来，雷山大塘有两位穿丝绸大裤脚衣服的苗族老人，一个叫扭尖，一个叫修六，他们都以打猎为生。有一天，他们上山打猎时，刚好遇到一只黑山羊，这只黑山羊从雷山大塘往石桥村方向跑去，他们追逐着来到了石桥村。石桥村从古至今有条河叫干凉河，距离石桥村约 50 米，距石桥村街上约 300 米，扭尖、修六追随这只黑山羊来到了干凉河，他俩来不及挽裤脚就一同下了水。到了河中心，脚边全是鱼和虾，都跑到裤脚里面去了。扭尖、修六上了河岸后，认为这里是块宝地，可以满足温饱。扭尖想了一会儿，对修六说："反正我们俩已经出来这么久了，也回不去了，不如以后就住在这里吧！"修六同意了扭尖的意见，扭尖又说："我已经选择了这个地方。那你就随河而下，找一个合适居住的地方。"后来，修六来到清江，就把清江作为自己的安身之所。

扭尖初到石桥村时，认为这块肥沃的土地适合居住，而且他有决心和信心改变这里的面貌。决心和信心唤起了他的力量，他开始开垦荒地、建房。经过一番努力，扭尖终于毁掉了参天的大树和那人不可进的斗笠叶，驱走了豺狼虎豹。扭尖十分快乐，游山玩水时来到了天然桥，又结合地形的特征，给这里取名为"石桥"。

后来有几位苗族老人闻风赶来，看到这个地方有生活的希望，于是也在这里居住了下来，与扭尖一起共建家园。后来，不同的族别、不同的姓氏的人都从不同的地方向石桥村聚拢而来，与扭尖一起劳动，他们同心协力，共同开垦，让这片荒坡成一片可用的土地。

第一节　行政公共空间布局

村落的公共空间有着较强的人际关系、地缘关系和密切的血缘纽带性质，并且，在日常生活中，公共空间对人们的生活习惯形成有着较大影响，比如能增强邻里关系。公共空间是维持社区、社会秩序正常运转的一个重要区域，也是村落各种传统节日活动的举办场地，不仅能满足村民们日常生活中的基本需求，也集中地展现出了民俗文化。

石桥村设有石桥小学 1 所，村委办公楼 1 栋，卫生室 1 所，安全饮水已基本覆盖全村，4 千米的通村公路已全部硬化，通组公路约有 1.5 千米已经硬化。建成旅游步道 6550 米、排污沟 3203 米、公厕 5 个、游客服务中心及文化长廊 1 个、休闲凉亭 3 个、造纸园区 1 个、特色寨门 2 个、垃圾转运站 1 个、消防池及配套消防栓 23 个，安装景观路灯 850 只、太阳能路灯 50 盏，建大型停车场 2 个共 13800 平方米、农民文化广场 2 个共 1600 平方米，屋面立面整治 158 栋，建防洪堤 500 米。消防、卫生、文体娱乐等基础设施建设基本完善。

图3.2　石桥村公共区间远景图（席禹梅摄）

一、石桥村村委会

图3.3　石桥村村委会（席禹梅摄）

石桥村最早的村委会在纸街上，后来搬到了风雨桥桥头，2016 年被大水冲毁，2017 年重新修建在风雨桥的对面，是一栋占地面积约为 30 平方米、建筑面积约为 210 平方米的三开间的两层木房。村委会位于整个村子的中心，与 5 个自然寨形成了相对均衡的辐射状，且位于南皋河沿岸的公路旁，方便与外界联系和便于村民办理相关事务。

村委会主要负责落实国家各项政策、调节邻里关系、保护村民安全、发展村庄经济等。村委会属于村内的公共区域，无论大事小事都可以去那里。村委会发布通知和告示主要用红色的纸，这样比较显眼，易于大家及时看到。

图3.4　石桥村村委会挂靠单位（席禹梅摄）

图3.5　村委会宣传栏（席禹梅摄）

二、石桥村卫生室

图3.6　石桥村卫生室（席禹梅摄）

图3.7　卫生室和村委会（席禹梅摄）

石桥村卫生室在村委员会西侧，2016年与村委会一同被大水淹没，于2017年重建，为一栋占地面积约为20平方米、建筑面积约为120平方米的两开间的两层木房。卫生室是村级的医疗点，是国家标准化的卫生室，按照要求一律不得租赁、转让、承包给他人。医疗区与生活区严格分开，诊室、治疗室、处置间、留观室独立使用，房间宽敞明亮。

卫生室主要是给村民治疗一些日常的小病，还不具备重大疾病接诊能力，但可以通过卫生室来联系大医院，是石桥村的基本医疗单位。

三、石桥小学

石桥小学位于村委会西侧不远处，学校占地面积3789平方米，左侧楼包含教学楼及辅助用房、生活服务用房、学生宿舍、食堂、教师宿舍等；中间为办公大楼、教室、图书室等；右侧楼是石桥幼儿园和各年级教室，设施设备基本齐全。

图3.8　石桥小学（席禹梅摄）

图3.9　石桥小学图书室（席禹梅摄）

图3.10　石桥幼儿园教室（席禹梅摄）

图3.11　石桥小学食堂（席禹梅摄）

图3.12　孩子与校园一角（席禹梅摄）

四、基础设施建设

（一）特色寨门

石桥村有两个寨门，一个是石桥村至凯里的大寨门，一个是石桥村至丹寨的小寨门，依托2017年国家美丽乡村建设项目修建而成。大寨门高约7米，宽约10米，位于石桥村村委会的西北方向，与石桥村村委会直线距离850米，与石桥村纸街直线距离800米，与穿洞直线距离1000米，与古纸园直线距离800米。大寨门上书“丹寨石桥小镇”，柱子上的对联写着：小镇亮佳雅宇琼楼宝地温泉利慧民间，听苗歌黔韵邀清江明月同醉富民兴盛图；走古寨石桥赏云水淳风豪吟造纸传承地，酿河流翠角鱼玉蟹页层石壁今成古典。寨门表达了石桥村对远道而来的客人的热烈欢迎，也凸显了石桥村特色。

图3.13　石桥村大寨门（石桥村至凯里）（席禹梅摄）

小寨门位于县道道路上，在石桥村村委会的西南方向，宽约7米，高约7米，距石桥村村委会直线距离1500米。造型上采用了苗家的铜鼓来凸显石桥村的特色。

寨门是石桥村的地标性建筑，也是村落的出口和入口，是村落内外空间的过渡，具有地标作用和地域范围分界作用。

图3.14　石桥村小寨门（石桥村至丹寨）（席禹梅摄）

（二）河流与饮水

石桥村地处南皋河上游，雨季为每年 4 月中旬至 10 月中旬，旱季为 12 月至次年 3 月，南皋河流经石桥村，河水清澈，造福着这一方百姓，村民的生产生活都离不开南皋河河水。村落还有多处泉水可供使用，自来水也接到了家家户户。

图3.15　清澈的南皋河水（席禹梅摄）

图3.16　农田用水（席禹梅摄）

图3.17　河中泡料（席禹梅摄）

图3.18　在河里拣料（席禹梅摄）

随着乡风文明建设的开展，石桥村村民对于河流的保护意识也开始有所增强，比如在湾滩河道旁修建防洪灾水坝、配合政府做好污水处理及厕所改造等。

图3.19　石桥村大寨水坝（席禹梅摄）

图3.20　位于石桥村大寨梭水崖上坡的水库及水井（席禹梅摄）

图3.21　大簸箕苗寨水库（席禹梅摄）

图3.22　石桥村大岩脚底下农田处的温泉井房（席禹梅摄）

（三）通村公路

2011 年以前，石桥村大寨内全是泥土路面，下雨天泥泞难行。2011 年以后进行了整体修缮。

现在的石桥村大寨道路基本实现硬化，石桥村 849 县道实现全路段的硬化，宽约 5 米。村内道路总长度约为 6 千米，实现硬化道路总长度约为 5 千米，通村公路已全部硬化，通组公路约有 1.5 千米已经硬化，通村公交尚未开通，可搭乘经过村子的客车和小巴车到南皋乡、丹寨县城和凯里市区。

图3.23　如今的石桥村大寨村内公路（席禹梅摄）

图3.24　如今的石桥村大寨村内道路（席禹梅摄）

图3.25　大簸箕苗寨新石桥村公路（席禹梅摄）

图3.26　大簸箕苗寨村内道路（席禹梅摄）

（四）排污管道及化粪池设施

石桥村大寨的排污管道已铺设完成，从梳子崖至湾滩沿路约 9 处。化粪池现尚未投入使用，大簸箕苗寨的化粪池位于大簸箕苗寨住户底下农田平坦处，石桥村新村化粪池位于新村住户集中区、造纸户旁。

（五）旅游公厕建设

石桥村自 2014 年开展旅游以来就不断修建公厕，现有文化走廊带 2 个旅游公厕、石桥村新村寨内 3 个公厕、石桥村大寨 2 个旅游公厕、大簸箕苗寨 1 个旅游公厕。

（六）消防池及配套消防设施

石桥村共有 2 个消防池，分别是位于石桥村新村化粪池旁的消防池和大簸箕苗寨通往小寨高地处的消防池。

（七）石桥村旅游接待基础设施

通往石桥村的观景台修建有旅游步道，石桥村大寨和大簸箕苗寨都安装有景观路灯和太阳能路灯。此外，在新村有大型的游客服务中心、文化长廊带、休闲凉亭和 1 个大型停车场。穿过新村，是专门为发展旅游打造的古纸园片区，内含停车场、博物馆。在大簸箕苗寨，有大簸箕苗寨芦笙场、吊桥等。石桥大寨、新村均可为游客提供住宿和餐饮。

第二节　村落边际空间布局

一、石桥新村

石桥新村位于石桥村村委会驻地的西北方向，纸街西侧，石桥往凯里方向的802县道岔路口旁，距离村委会约800米。石桥新村在2014年政府项目的实施下开始修建，主要包含了高寨、文化长廊、新村住户区、石桥村古法造纸园和穿洞古法造纸传承地。

图3.27　石桥新村街道（席禹梅摄）

图3.28　新村吊脚楼布局（席禹梅摄）

图3.29　新村吊桥（席禹梅摄）

图3.30　吊桥侧面图（席禹梅摄）

长廊尽头是一座吊桥，吊桥对面是石桥新村，桥头就是潘玉华的“纸会唱歌”研学基地。

图3.31　“纸会唱歌”研学基地（席禹梅摄）

（一）非遗文化长廊

非物质文化遗产长廊是石桥村古法造纸的非遗文化展示基地，集中展示了古法造纸、苗族刺绣、苗族蜡染、苗族银饰以及石桥村周边独具特色的苗族文化和手工制作技艺。

走进石桥新村，首先看到的是石桥村景区的警务室，随后是苗族风雨桥组成的文化长廊，长廊两边的美人靠全长约600米。长廊里悬挂着各色各样的图片，有丹寨八寨的景区介绍、丹寨风光、竹留苗寨、麻鸟苗寨、嘎闹苗族的苗绣作品等，对丹寨的民族风情一一做了介绍。

图3.32　文化长廊（席禹梅摄）

图3.33　文化长廊带（席禹梅摄）

图3.34　文化长廊石桥旅游景区活动中心（席禹梅摄）

图3.35　文化长廊石桥旅游景区建设指挥部（席禹梅摄）

图3.36　游客中心（席禹梅摄）

图3.37　文化长廊停车场（席禹梅摄）

（二）石桥村古纸园

石桥村古纸园位于石桥村村委会驻地的西北方向，村委会到古纸园的直线距离为600米，在非遗文化长廊向北走500米就能看到古法造纸园的全景，呈现四周高、中间低的小山谷面貌，占地面积约为6660平方米。

图3.38　古纸园全景（席禹梅摄）

图3.39　古纸园内的硬化道路（席禹梅摄）

（三）石桥村穿洞

石桥村穿洞景点位于清水江畔，在石桥村村委会西北侧，村委会到穿洞直线距离1千米。传说远古的时候，住在南皋河源头的两条龙叫翁敖和翁方，他们到天神那里去求职。因为只有一个职位，天神不好安排，就出了一道题，要翁敖和翁方顺着南皋河往清水江方向赛跑，谁先到达清水江，就当清水江的龙王。翁敖性情急躁，一心只想当选龙王，纵身跳进河里，不顾一切地顺着南皋河向前狂奔，龙尾横扫，山洪暴发，泛滥成灾，百姓遭殃，雷公发怒，举起万钧霹雳劈死了翁敖，由于用力过猛，击穿了山体，形成一个直径达20米的穿洞，远远望去，就像天上的月亮，随着角度的改变而变圆变缺。

图3.40　穿洞上方的余安高速（席禹梅摄）

图3.41　穿洞远景（席禹梅摄）

图3.42　清江桥（席禹梅摄）

穿洞是河流切穿石灰岩而形成的天然岩洞，分为旱洞和水洞，洞中有洞，水洞内有地下暗河，洞口宽，往里变窄，有一条溪流由洞中流出，水质清澈，四季常流。穿洞内长 1500 米以上，洞口最大宽度 20 米，最大高度 30 米，总面积约 3000 平方米。洞中溪流水深 2 ～ 4 米。

图3.43　穿洞指示牌（席禹梅摄）

二、石桥村大寨

石桥村大寨指的是由石桥村湾滩、石桥村纸街、石桥村后街及石桥村村委会、石桥村卫生院、石桥村小学组成的这一片区域，造纸户也主要集中在这里。石桥村大寨是石桥村的主要行政中心和居住中心。

图3.44　远眺石桥村大寨（席禹梅摄）

图3.45　石桥村大寨公共区域（席禹梅摄）

（一）石桥村纸街

图3.46　石桥村纸街门头（席禹梅摄）

图3.47　纸街远景图（席禹梅摄）

图3.48　石桥村大寨纸街正门（席禹梅摄）

图3.49　纸街正门上的项目介绍牌（席禹梅摄）

纸街，本地又称“古街”或“中间街”，因整条街上造纸作坊较多而得名，是石桥村的主要街道，可细分为3条街道，分别是大路湾滩、中间街和后街。据石桥村民说，石桥村至少已经存在600年，造纸历史也非常悠久，纸街两端有明朝、清朝和民国时期的牌楼，街面由青石花砖铺就，街上保留原貌，是体验石桥村古法造纸文化的核心地带。

图3.50 阳光照耀下的纸街街景（席禹梅摄）

图3.51 夜幕时分的纸街街景（席禹梅摄）

图3.52 纸街上拣料的村民（席禹梅摄）

街道呈东北—西南走向，街宽 5 米左右，长 450 米左右。石桥街上的房屋分布为带状聚落，呈四条带状分布，均为木瓦房，屋面规整，高低一致。纸街的入口在风雨桥的斜对面，入口进去是一个四合院，纸街两旁的房子都是木质结构的老房子，常常会有几家合住一房的情况。现在，纸街上有多家造纸户，有的还开设了商铺，主要经营自己制作的纸张和纸工艺品以及提供造纸体验。

（二）梳子崖

梳子崖位于现村委会后、石桥小学前的农田旁。梳子崖因地表水的作用，此处悬崖被冲刷挤压，形同梳子，并向河中伸出一面薄薄的天然石墙，恰似一个梳子把，因而得名“梳子崖”。“梳子柄”将河水隔断，河道绕行之后又折返冲刷石墙的另一面，形成极其少见的“水夹岩”。梳子崖上有两处凹陷，形似神兽足印，崖下有水槽，恰似龙身擦过，龙鳞隐见。相传清水江龙王在小石桥村破洞而出之后，在此崖下擦掉身上泥土，又在崖上奋力一蹬，从而留下了“龙擦痒”和“龙脚印”。当地人又把梳子崖称“观仓崖”，因为梳子崖崖头上曾建有石桥村的粮仓。

（三）石桥村大寨保寨树

石桥村大寨的保寨树位于纸街前行 30 米的坡上。很久以前是两棵伫立在一起，现在的保寨树仅有一棵，高约 50 米，周长约 5 米，3 个人才能环抱树干。保寨树的土名叫作“牛奶果”，结的果实可以吃，吃起来酸酸、稠稠的，带有牛奶的味道。十年前人们都还去祭保寨树，村民自发组织起来买 1 头价值 4000 元左右的牛，把牛拴在保寨树上祭完后杀了，全村一起吃牛肉。这样做是为了祈求保寨树保佑全村风调雨顺、村民平安健康、六畜生旺、五谷丰登等等，有些人家还会在保寨树的枝丫上挂红以期保寨树能够保佑一家人平安顺利。目前，石桥村民几乎没有祭祀保寨树了，但保寨树仍然存在，村民也依旧相信保寨树的“魔力”。

图3.53　石桥村大寨保寨树远景图（席禹梅摄）

图3.54　石桥村大寨保寨树（席禹梅摄）

（四）踩鼓场

踩鼓场位于风雨桥旁、南皋河河中间的沙坝上。因为踩鼓场地势低平，每年都被大水冲掉，但是村民觉得这里作为大家的娱乐场所是十分合适的，每年都愿意重新整修一下。旁边还有一个用水泥修建的人工踩鼓场，当年用于接待北京现代歌舞团的崔健来石桥村演唱，后来也成为本村非遗传承人潘玉华主持七月半活动的场地。现在村里要组织篝火晚会、踩鼓活动、表演、户外活动等，也都在这里举行。

图3.55　踩鼓场（席禹梅摄）

图3.56　石桥村大岩壁（席禹梅摄）

图3.57　踩鼓场一角（席禹梅摄）

（五）风雨桥、望乡台与龙擦痒

风雨桥位于村委会东侧马路正对面 2 米处，以杉木为主要建筑材料，建桥时不用一颗铁钉，只在柱子上凿通大小不一的孔眼，以榫衔接，斜穿直套。其坚固程度不亚于铁、石，可延用两三百年而不损，而且结构严谨、造型独特，极富民族特色。因河水流向梳子岩时，在这里冲击形成小山包。现今的风雨桥和村委会之间以前连着一个小山包，风雨桥的位置当时被人们称作“岩脑”，就像一根线，到小学这里，小山包就大起来，形成一个葫芦形状，连起来人们就称作“金线吊葫芦”。1960 年左右，当时的石桥村大队将石墙炸开，村里的老人认为为保“龙脉”不断，就要在河上修建风雨桥一座。村子里有一个说法，以前石桥村没有大学生，因为接通两边拱形的石块，修建了风雨桥，就有大学生了，修桥当年就出了 3 个大学生。第二座风雨桥是在 20 世纪 90 年代，石桥村每户出一个劳动力砍树建起来的，是纯木结构。那时的风雨桥，是石桥村人谈情说爱、开会议事、休闲娱乐的地方，是人们交际的场所。2016 年，风雨桥被洪水冲毁。2017 年，政府提供水泥，村民对风雨桥进行了翻修，新桥与以前的风雨桥样貌有所不同。村民常说：“现在的风雨桥啊，已经没有以前的情分在里面了。”但其价值和作用仍然存在。

图3.58　远看新风雨桥（席禹梅摄）

图3.59　新风雨桥正面（席禹梅摄）

风雨桥背靠的大石壁上，是石桥村的望乡台，在这里能够将石桥村大寨和荒寨一览无遗，是俯瞰石桥村的一个绝佳之地。以前都是泥路，现在改成青石板路，有一个小亭子供人们休息、赏景。去望乡台，需要从天然桥走上去，一直走到山的最高处，再继续往前走，就能走到石桥村新村的停车场。

图3.60　风雨桥望乡台（席禹梅摄）

图3.61　望乡台小径（席禹梅摄）

图3.62　望乡台俯视图（席禹梅摄）

连接着风雨桥，望乡台的右侧大石壁，形状似一张弯弓，河水在岩壁下流淌，这就是“龙擦痒”。传说“龙擦痒”就是翁敖和翁方两条龙在竞争当龙王的过程中，翁敖一路狂奔来到石桥，停下来擦痒而留下的痕迹。

图3.63　龙擦痒（席禹梅摄）

（六）天然石拱桥

从村委会活动室往前走约 100 米，便能看见一座横跨河两岸的天然石拱桥。天然石桥位于石桥寨边，石桥村因此而得名。石桥高约 8.25 米，宽约 10.3 米，跨度约为 11.3 米，桥面到桥洞的厚度约为 4 米，桥洞离水面的高度约为 4 米。

图3.64　天然石桥正面（席禹梅摄）

（七）大岩脚石壁石刻造纸遗址

天然石桥对面的大岩脚石壁，在距离村委会往南皋乡方向约 100 米的位置，石壁宽约 100 米，高约 80 米，为页岩，底部深深凹进去，形成天然屏障。下面有一排木房子，壁上凿了一个神龛，神龛上放了一张蔡伦的画像以及香灰盒，石壁上面写着“蔡伦之位”。路口右边立着一块石碑，石碑上写着“省级文物保护单位，石桥白皮纸作坊遗址”，落款写着“贵州省人民政府 1985 年 11 月 2 日公布”，石碑的背面刻着作坊遗址的简介。

图3.65　大岩脚石壁（席禹梅摄）

（八）梭水崖

石桥村大岩脚石壁左侧有一眼清澈的泉水，叫“梭水崖”。顺溪而上 50 米有 1 个天然水井，1 个人工水井，1 个宽约 6 米、长约 6 米、高约 10 米的蓄水池。天然水井是石桥村人的饮水水源，水是从地下冒出来的；人工水井是为了防止水库、水井缺水而建的；蓄水池提供了整个村寨造纸用水。

图3.66　大岩脚处整体图（席禹梅摄）

图3.67　梭水崖（席禹梅摄）

（九）民族英雄杨大陆的故居

民族英雄杨大陆是石桥村人，后来抗战牺牲在外地。据考察，其故居应位于影子崖坡上。

（十）蔡家庙

位于湾滩中段马路对河岸的蔡家庙，是石桥村蔡家于 2004 年修建的。据说蔡家修庙是希望家人平安健康，逢年过节他们都会去祭拜。现在石桥村的一些村民也会去祈祷，比如怀不上孩子的女性就会去祭拜，一般是自己拿香、纸钱去焚烧祭拜。庙长约 5 米，宽约 5 米，顶部是用瓦片堆砌起来的三角形；神石是两块高约 1 米、宽约 50 厘米的大石块，看起来像是自然形成的，两边均有一个插香用的沙池。

3.68　石桥村大寨蔡家庙（席禹梅摄）

图3.69　蔡家庙祭石（席禹梅摄）

三、荒寨

荒寨位于石桥村东南部，面对村委会，是石桥村第 5 村民小组。荒寨苗名称“羊方”，意为原有人住过，后来又没有了人烟，故译为荒寨。荒寨现有一家造纸户。

图3.70　俯视荒寨（席禹梅摄）

四、大簸箕苗寨

大簸箕苗寨现分为大寨、下寨和簸箕冲，下寨和簸箕冲住的都是因大寨容纳不下而分出去的人家。据说，王氏始祖自 1862 年前后从现雷山搬迁到大簸箕苗寨居住至今，已有 160 多年。大簸箕苗寨不造纸。

图3.71　大簸箕苗寨地界碑（席禹梅摄）

图3.72　大籔箕苗寨（席禹梅摄）

图3.73　寨内景色（席禹梅摄）

图3.74　大籔箕苗寨小寨（席禹梅摄）

（一）土地菩萨庙

大簸箕苗寨的土地菩萨庙就是汉族人称的“药王庙”，与村委会之间直线距离300米，从天然石桥往大簸箕苗寨方向走50米就到土地菩萨庙。土地菩萨庙建在一个大石块的正上方，面向大簸箕苗寨，人们说这样建的寓意在于土地菩萨能够时时刻刻看着全寨人的各种情况，保护全寨人能够安居乐业。几十年以前，大簸箕苗寨就有一个菩萨土地庙，后来因风吹雨打而倒塌、腐烂了，还有一个说法是在“文革”破除封建迷信时期被拆掉的。现在的土地菩萨庙是2000年以后新修的，建土地菩萨庙时，还请了个道师来给石头认神位。

土地菩萨庙的外部为2米的正方体木瓦房结构，顶部瓦盖长约2.5米，瓦片都是3层堆砌，在瓦顶的上方伫立着一个正对着整个寨子的“指向鸡”。土地菩萨庙内部供的是形似鸡的神石，土地菩萨像是由3块钟乳石组成的，皆是独立的石块，中间的一块最大，高约20厘米，左右两个都高约10厘米，3块神石的四周都被前来祭祀的村民们用红布包裹着，露出上半部分，石头上还有祭拜时宰杀的公鸡鸡毛。祭拜土地菩萨需要找鸣叫响亮、毛色红亮的公鸡，不用母鸡、白鸡，白鸡主要是清明时祭祀、扫墓用的。神石前面有少许的钱纸和香，是人们用剩下的，留下来给后来祈祷的人们提供方便，还有8个碗、4个小酒杯、1个大酒杯。土地菩萨庙的内部放着一个长约50厘米的香槽，是供人们烧香的，香槽前有一个约60厘米的木板，是人们放祭品的地方，旁边还有一个鸡状的木桩子和一个长约30厘米的木桩子，都是祭拜时所用的东西。土地菩萨庙内部的木板上，右侧写的是为土地菩萨庙的修建而捐赠的人员名单，左侧写的是来土地菩萨庙祭祀的人员名单。

每次祭拜，人们都会把土地菩萨庙的周围打理得整整齐齐。以前过年的时候是每家各自去祭拜，现在每年的六月六，龙杆会组织大簸箕苗寨的苗族村民每户凑10～20元，大家集资买猪、鸡、羊等，如果钱多的话可以买牛，用以祭拜、求福。土地菩萨庙是大簸箕苗寨人们祭祀的重要场所，是人们信仰的中心，是全村人都认可和尊重的信仰公共空间。

图3.75 土地菩萨庙正面（席禹梅摄）

图3.76 土地菩萨庙的重要标识“指向鸡”（席禹梅摄）

图3.77 土地菩萨庙的内部布局（席禹梅摄）

图3.78 香池和摆放祭品的长凳（席禹梅摄）

图3.79　神石及碗、茶杯（席禹梅摄）

（二）铜鼓场

铜鼓场位于南皋河环绕大簸箕苗寨的大拐弯处，现在的铜鼓场是 2017 年发洪水后翻新的，比被洪水冲掉的旧铜鼓场大了很多，是一个直径约为 20 米的半圆形铜鼓场，能够容纳下 600 人左右。铜鼓场很多时候也叫芦笙堂，主要是人们在盛大节日或丰收时节一起庆祝的场所。

（三）警示石

警示石位于大簸箕苗寨对面的岩壁上，岩壁上有一凹处，形状像人一样，人们称为“恶妇石”。从前，石桥村大簸箕苗寨有一个媳妇，极为凶残泼辣，百般虐待公婆、刁难街坊，对兄弟姐妹甚是残酷，久之不改，反而变本加厉。有一次，她硬将产后的胎盘煮给公婆吃。雷公见之，大为恼怒，便揪其长发扔过河去，一掌把她压死在对面的悬崖石壁上。恶妇垂死之际留下了面部抽搐、左腿伸直、右腿弯曲、光着脚板的难看形态，后来慢慢变成了石头。故事一直流传至今，以警示后人。以前人们都能够看到警示石，但现在已经被树林遮住了。

图3.80 大簸箕苗寨警示石（席禹梅摄）

（四）大簸箕苗寨吊桥

大簸箕苗寨吊桥于 2017 年修建，长约 15 米。在 2000 年之前，大簸箕苗寨的人们都是蹚水过河回到寨子。吊桥的修建便于人们的出入，是人们到村寨最近的道路，也是村寨的路口。吊桥前的大片空地，是石桥村人停车的地方，还有 2016 年政府修建的大簸箕苗寨旅游建筑带也可供停车。

图3.81 大簸箕苗寨内观吊桥（席禹梅摄）

（五）奇怪的倒麟树

大簸箕苗寨有一棵奇怪的倒麟树。这棵倒麟树长在猴子山脚下的凉亭旁边，它的叶子像鱼鳞片一样倒着长，叶子的形状也像鱼鳞一样，因此得名。夏天的时候，绿荫足以遮挡凉亭四周的阳光，秋天落叶，冬天叶子就掉光了，枝丫都是光秃秃的。周围都没有这种树，所以大簸箕苗寨的村民们对这棵独特的倒麟树很是关注，不允许任何人伤害它。

图3.82　倒麟树（席禹梅摄）

（六）大簸箕苗寨凉亭

大簸箕苗寨凉亭位于整个村寨的最下方，有新旧两个，这里是来往大簸箕苗寨的必经之路，也可以说是整个村寨的主要入口。旧凉亭现在已经基本废弃，主要用来摆放一些物资和电动摩托；左侧的新凉亭于2018年修建，凉亭有柱子、美人靠座椅，中间有1个圆形石桌，直径约为50厘米，四周有4个石凳子。人们在这里休息、聊天、玩游戏时，它是人们休闲娱乐的聚居点；

村寨内部有重要事项在这里商议时，它成为议事的场所。凉亭在整个村寨的入口处，外面的人来大簸箕苗寨，都会在这里歇歇脚，是村寨与外部往来的交流场地。所以，凉亭是人们相互交流、相互沟通、相互认识的重要场地，也是村寨内部联系的重要的场所。

图3.83　大簸箕苗寨新旧凉亭（席禹梅摄）

图3.84　大簸箕苗寨新凉亭（席禹梅摄）

（七）大簸箕苗寨保寨树

从大簸箕苗寨大寨的后坡上坡50米就能看到保寨树。如今，大簸箕苗寨的保寨树主要是指一片树林，保寨树的范围在一个直径约为10米的圆形小山包上，约有30棵。以前的保寨树是榉木，属于国家保护树木种类，但因气候等原因坏死了，后来，保寨树是大棵的松树，当地人称“cōng máo shù”，在“文革”时期被伐木场砍掉了。而现在的保寨树都是近些年村民重新栽种的小幼苗树。但从整个村寨的全景图看，保寨树的位置依然是在大簸箕寨的正上方，像是伫立在那里保卫着全村人的守护神。

以前，人们会一年祭一次保寨树，用鸡、狗等祭拜，以祈求保寨树保佑村寨不失火、人人健康等。保寨树不能随意砍伐，只能让其自然生长，如果因恶劣天气倒了，村寨里的人也不能捡来烧，只能让它自己腐烂。

图3.85　大簸箕苗寨保寨树群（席禹梅摄）

（八）簸箕湾老记号银子洞崖画

簸箕湾老记号银子洞崖画位于大簸箕苗寨南皋河上游河坎，在大簸箕苗寨东北面的一块岩石上。

图3.86　大簸箕苗寨银子洞（席禹梅摄）

（九）破山冲

破山冲位于大簸箕苗寨下寨，下寨有一片稻田，两边的大山夹出一条山沟，走完稻田后山沟越来越窄，山势也越来越陡，河水就像是在两座山之间的巨龙，显得格外壮观。越往里走，两侧的石壁也越发古怪，都是一层一层的石块堆砌而成的岩壁；越往里走，越是清凉，水也越清澈，鱼儿也越来越多。走到一处石壁，细细的水流从石壁上的一个洞口流下来，高约 30 米，从下往上看像是一张张开的大嘴。破山冲正是由于这天然的石壁像是水从里面迸发出来撕裂成一道口子而得名。雨量充足时破山冲瀑布水流量很大，枯水期的水流量就会相对减少。这里是大簸箕苗寨的孩子们喜欢来玩耍的地方。由于破山冲位置隐蔽，战乱时期很多人为了避难就躲在这里。

图3.87　破山冲的小寨入口（席禹梅摄）

（十）大簸箕苗寨苗名汉墓碑

大簸箕苗寨苗名汉墓碑是因汉族与苗族之间交流而形成的，苗族是一个迁徙的民族，他们对于去世的人是不列墓碑的，只是简单地埋葬。正是由于苗族和汉族的文化交流，在继承苗族父子连名制的基础上，采纳了汉族的墓碑和汉字，将苗名转化为汉名刻在墓碑上，所以现在的苗族多会有两个名字，一个汉名和一个苗名。根据相关资料记载，较早的苗名汉墓碑位于大簸箕苗寨附近，墓碑由碑帽、碑座和镶碑的石枋组成。碑眉阴刻“贻厥孙谟”，碑心高 1.11 米，宽 0.53 米，阴刻竖排楷书，右为“大清咸丰二年二月吉日立”，中为“清故祖考王公讳阿浩舛墓”，左为“孝孙阿叟梨曾孙阿耶里叟永祀”（“耶”“里”原为右左平列），按碑文记载，墓主名号舛，其孙名变梨，曾孙名耶叟、里叟。由此推知，墓主的父亲名浩外，儿子名梨浩，这五代人的名字排列为：件口—浩外—梨浩—叟犁—耶叟、里叟（第一字是本名，第二字是父名属从名）。

图3.88　现今的苗名汉墓碑（席禹梅摄）

现在的苗名汉墓碑与之前的相比更加现代化，但仍采用这种子—父或子—父—祖父连名制。如2018年的新碑，碑眉阴刻“福泽万代”：万古佳成开甲第，千秋福地荫后人。阴刻中为王公九依之墓，右为立碑日期、出生日期及寿终日期［公元二零一八（戊戌）年二月二十七日农历正月十二立，本命生于一九三四（甲戌）年十二月二十一日农历冬月十五日吉时，于二零一六（丙未）年三月二十八日农历二月二十日十三时六分寿终，享春光八十三岁］。左为孝子、孝孙、孝曾孙三代及姻亲一代亲属关系［从上至下：女兰婿吴正壁外孙，男富（忠）媳文黎芝，孙子能媳董永珍曾孙禹，孙子才媳王明燕曾孙尧，孙女燕智曾孙靓，孙女燕婿杨秀军曾孙舜］都采取的是按照单个字辈来取汉名。苗名汉墓碑可以说是该地苗族采用父子连名制的物证。

每一个文化符号都是理解石桥村村落内外空间的过渡空间。随着乡村旅游的发展，来石桥村旅游的人也越来越多，每一个文化符号都有宣传的作用，意义十分重大。石桥村许多地方绘制的与纸有关的图像和各种关于传说、日常生活、传统节日的图案，广场上用鹅卵石拼接而成的形状，都彰显出石桥村人民的智慧、信仰以及他们的生态观、宇宙观。

第三节 传统民居空间布局

清朝实行满汉全融合，推行九里一团、五里一堡政策。如石桥村是苗汉杂居，大簸箕苗寨全部是苗族，而南皋乡又是苗汉杂居。苗汉杂居是当时的中央政府为了治理地方而实行的羁縻制度。在这样的行政体制背景下，建筑文化作为社会文化的综合载体也发生了相应的变化。

一、民居建筑布局

（一）汉族民居建筑布局

以前，这里的汉族人住的房屋大多是两层，人住一层，上面一层主要用来堆放物品。有的人家还有地房。地下一层叫地房，修地房会在地面搭一块木板，使房与地隔绝开来，不与泥土直接接触，为的是避免吸收地气。一般来说，有钱人家住地房，而且讲究房屋布局的完美，有院子、厢房、偏房、正房等，占用的土地多。没钱的人家住的是一两层的小楼房，一家人住在一起，除了睡的地方，剩下的空间合理利用，占用的土地少。

图3.89 汉族楼房（席禹梅摄）

汉族地房和楼房大多布局都是三间式的房屋，中间是摆放香火的堂屋，堂屋没有隔层，如果楼房有隔层的话也不能住人，怀孕的人不能进堂屋，在堂屋不能说污秽的话，体现对祖先的尊敬。其余的房间是用于堆放物品和睡觉的。以前的厨房设计在堂屋后面，现在都是设计在左右两侧。

图3.90　堂屋（席禹梅摄）

汉族都会专门建一个小房子来养猪养牛。房屋上的栏杆、挑手等主要用来放东西。用绳子把玉米、糯米拴成小捆全部挂在房屋前后，以避免老鼠来吃，而有钱的人家就直接建一个防老鼠的小库房。屋顶两端翘着龙角形状的装饰物，而屋顶中间是四个花瓣状的装饰物。

图3.91　牲畜的圈在一层（席禹梅摄）

建造房屋时讲究看风水，要请风水先生来看地基。建房时房子的尺寸也是有讲究的，选的都是吉利的数字，比如房屋高度一般是二丈八八或者三丈三八，带有“发”的寓意。

新房建好以后会办酒，请家里两个老人都健在、儿孙满堂、各方面都很好的人来主持，希望可以沾沾喜气。办酒时需要接待外婆家的人，他们来到主人家会送礼物、唱歌。唱的内容多是“我们没有什么送的，实在是太害羞了，不好意思送，送点小礼物来哄姑妈（主人家）找点酒喝”。主人家回唱“多谢舅爷、舅妈送来的礼物，真是害你们花钱、花米了，实在不好意思”。

当地汉族的房门上都会挂一个“打口舌”。“打口舌”是用 10 个小竹圈串起来的，挂在一起的还有“白刺”“巴猫”“大泡桐树”等。

苗族房屋的小门门口挂着的“打口舌”由草、柴、纸等绑成一捆，这都是请巫师做的，当地人认为它能起到保佑家中事事顺利、五谷丰登以及辟邪等作用，也认为它能够将所有的是非挡在屋外。还要用到挂青样式的白皮纸，认为这种冥纸可以与阴间的鬼魂沟通，起到辟邪的作用。将这些东西绑在一起就可以挂到门头上了，在挂红的那天需要杀黄颜色的小公狗或鸭子，一般两间房子的杀鸭子，三间房子的杀狗。

图3.92　苗族门檐上的“挂红”（席禹梅摄）

（二）苗族吊脚楼建筑布局

图3.93　苗族吊脚楼（席禹梅摄）

苗家的吊脚楼建筑多以三层木制瓦房为主，吊脚楼的楼层矮，是一楼一底的楼房。一楼不住人，用来堆放农具、喂养牲畜，现已普遍将农具、牲畜移到正屋旁的小圈中。二楼分为三间，中间不设神龛，两旁分设火笼边、卧室，二楼中间多设外廊和栏杆长凳（美人靠），供人们夏天乘凉和妇女缝衣织绣时坐。吊脚楼做的栏杆、美人靠、挑手等主要都是用来放东西。最上一层较为低矮，不适合住人，一般用于储存谷物、辣椒等。吊脚楼房屋的一侧设有楼梯，楼梯分外楼梯和内楼梯，都是10个阶梯式的木梯子。寨子住房多依地势而建，苗族民居是苗族人民千百年来在生产、生活的实践中，顺应自然、因地制宜的结果，真正达到了中国古代哲学“天人合一”的精神境界，这与和谐社会背景下住房建设要注重人居生态环境的理念是一致的①。

房屋顶部的侧面都会留一两个正方形的镂空的窗子，老人们说，留一个小小的洞口，好让后代来住。如果不留的话，只是这辈人在这里居住，后代不能居住。

图3.94　房屋顶窗（席禹梅摄）

① 赵曼丽：《浅析贵州苗族建筑的文化内涵》，《贵州民族研究》2010年第6期，第73-75页。

苗族建房时对“梁”很讲究，尤其特殊的诞梁仪式。

一般来说，凡是一个民族族群的房屋，除了包含有其自身物理空间的自然属性，还包含着更深层次的文化空间规律。

排除人类文化中的相似性因素来看，苗族对空间格局的独特理解是很明显的。就生育来说，他们会将生儿育女、传宗接代同污秽联系起来，认为生育时流的血是不洁净的，这种不洁净的潜意识同恐惧的心理交汇起来，让生育变成了既神圣也污秽的事情。这样的生育观念让整个房屋呈现出的是神圣和污秽同时存在的空间。

二、民居布局

新中国成立前，石桥村的经济大多掌握在封建地主的手里。在此期间的汉族民居具有鲜明的特征，地主家的雕梁画栋的“四合院”与贫农的楼房形成鲜明对比。而苗族社会对外发展的时期，民居的建筑风格和材料基本是保持一致的，苗族村寨内的整体布局也无明显的变化。

新中国成立后，分田到户时期的民居风格基本上能够保持一致，无论是外观还是使用的材料，都体现出当时的社会特性。这一时期以村寨为单位的苗族建筑及传统文化保持得也比较好，苗族文化传承也较为完整，社会组织结构变化不大。

改革开放以后，各村寨与周边村寨连为一个整体，亲属关系及社会关系网络开始扩展到周边乡镇，互相影响。民居的建筑风格、空间布局、建筑材料、村寨整体规划都有了明显的改变，这种改变不仅体现在民居上，也体现在民居内居住者的身份上，同时体现在“濡化”或者“涵化”后的苗族文化上。

苗族民居已经在村寨原有格局的基础上划分了“新村”与“老村”，明显的分界不只是民居建筑，更多的是同一种文化随时代发展而呈现的不同面貌。随着人们的思想观念的变化，现在的石桥村汉族房屋建筑，除了保留神龛和火塘之外，几乎都是现代化的建筑。我们或许可以从石桥村苗族、汉族民居融合和变迁的过程中，对当地传统文化的保护进行一些有益的思考。

（一）石桥村新村

石桥村新村的农户均是从石桥村搬过去的。有些新村住户是因为家庭人口多，兄弟分家后通过购买新村的土地和政府的补助建房而搬到新村居住。新村房屋分为平地三开间式的吊脚楼和坡地四开间式的砖木吊脚楼。

现在，新村修建房屋的人家有 16 户，共有 137 人。其中，空房有 18 栋，3 栋在修建中。

图3.95　新村四开间木房样式（席禹梅摄）

图3.96　新村三开间木房样式（席禹梅摄）

图3.97　新村砖木结构吊脚楼（席禹梅摄）

图3.98　新村造纸作坊（席禹梅摄）

（二）石桥村大寨

石桥村大寨是石桥村的主要行政中心和居住中心，大寨内总户数135户，房屋建筑呈条状分布，村寨内苗族和汉族房屋建筑风格差异明显：汉族多是老地房、楼房，苗族住吊脚楼等。但在房屋的使用格局上出现了融合的相似性和矛盾性，主要体现在苗汉堂屋的摆放、苗家的美人靠、汉族房屋楼层的加高等。大寨建筑的行政空间和公共空间的使用功能明显。

图3.99　大寨老式汉族地房（席禹梅摄）

图3.100　纸街苗族房屋（席禹梅摄）

湾滩河边的房屋建筑较为特殊，都是靠河修建，在路边仅能看到房屋最上面的一层，其背面有较高的基石支撑。

图3.101 湾滩房屋正面（席禹梅摄）

图3.102 湾滩房屋背面（席禹梅摄）

（三）荒寨

荒寨目前有29户。房屋都是木瓦结构，只是苗族和汉族的房屋布局不一样，整个寨子呈块状聚落，房屋多是坐东朝西。原有1个砖瓦厂（现已废弃）、2家造纸户、1家打铁铺。

图3.103　荒寨汉族楼房（席禹梅摄）

图3.104　荒寨苗族吊脚楼（席禹梅摄）

（四）大簸箕苗寨

大簸箕苗寨全寨共108户，寨内村民全为王姓苗族。南皋河绕大簸箕苗寨而过，寨子为圆状聚落，面南背北。由于历史文化原因和地理环境条件的限制，大簸箕苗寨的住房非常密集。寨内房屋全都是干栏式的小青瓦木质吊脚楼，吊脚楼一般为二层，有三层、四层，也有五层，从远处看，木楼层层，叠角飞檐，像一只只凌空展翅的飞鸟。此外，寨内由光滑圆润的河卵石铺就的寨道阡陌纵横，寨后古树参天，一片郁郁葱葱。由石头铺垫而成的花街十分整洁、美观，与苗族吊脚楼建筑群相得益彰，具有较高的欣赏价值。大簸箕苗寨最老的吊脚楼有两栋，距今已有200年左右的历史，目前已经没有人居住了，被列为保护文物。

图3.105　大簸箕苗寨河边吊脚楼（席禹梅摄）

现在大簸箕苗寨的吊脚楼按照“三改”政策之吊脚楼改修工程，将原来的底层木房改为牢固的砖房，牲畜的圈、厕所已经转移到外面成为单独的建筑物。一楼改为砖结构以后，人们开始选择住在一楼，而二楼、三楼还是保持原有的状态。

大簸箕苗寨的吊脚楼是与环境相适应的结果，作为苗族村寨代表性的景观，它具有更为积极的社会作用，应该保持自身的生命力。

图3.106　大簸箕苗寨老式吊脚楼（席禹梅摄）

图3.107　大簸箕苗寨新式吊脚楼（席禹梅摄）

第四节 村落姓氏、民族与社会空间布局

一、石桥村姓氏与居住空间分布

大规模的人口迁移会增加迁入地姓氏的多样性，使得迁入地和迁出地的姓氏分布呈现较高的相似性。因此，通过考察不同地区姓氏分布的特点，能够判断哪些地区曾发生过大规模的人口迁移，从而为史料中记载的人口迁移事件提供佐证。石桥村姓氏有王、杨、刘、孔、龙、熊、李、梅、谢、梁、张、余、文、周、罗、潘、蔡、吴18个，苗族占总人口的79.94%。

石桥村新村房屋注册共38户，入住的16户人家中，8户姓王、2户姓潘、2户姓刘、1户姓梁、1户姓李、1户姓余、1户姓张，王姓最多。新村是2014年政府旅游开发项目以后石桥村的人家买地搬迁过来的。

大寨内共144栋建筑，总户数为135户，59户姓王、16户姓杨、11户姓李、8户姓梁、8户姓龙、7户姓罗、6户姓刘、5户姓蔡、4户姓梅、3户姓潘、2户姓陆、2户姓文、1户姓余、1户姓吴、1户姓冉、1户姓莫。其中王姓、杨姓和李姓最多，梁姓、龙姓、罗姓、刘姓次之。

石桥村大寨和大簸箕苗寨的王姓家族的祖先是两兄弟，在石桥村居住的是哥哥，在大簸箕苗寨居住的是弟弟。因为石桥的古法造纸发展快，好多外地人来石桥定居了，所以石桥的姓氏较多。大簸箕苗寨一直都没有外来人口迁入，所以都是王姓。

75岁的王JX老人说他的家族是过去打仗从湖北逃亡过来的汉族人，是古法造纸传承人王兴武的三公，来到石桥村有7代人。

大寨的刘G自述他爷爷的爷爷是从湖南逃难来南皋乡的，到爷爷辈才从其他村来到石桥村。石桥村有两支杨家，他们没有血缘关系，就只是同一个姓。

65岁的蔡DB说，以前贵州人口少，就从江西调平民和部队到都匀墨冲，后来有很多人迁到石桥村居住。最早来石桥村居住的祖公名叫蔡YM，按其家

谱字辈推算，到石桥村已有25代，约700年的历史。蔡家大多搬到兴仁去住了，石桥村其余姓蔡的都是亲支，他家一直都有造纸的手艺。

LTB老支书自述老家在湖南吴庆，据老辈人说因为家里兄弟多，不能解决温饱问题，就通过卖艺（武术表演）逃荒来到贵州，到现在已经有10代人，来到石桥村后也学会了造纸的技艺。

73岁的梅GF老人回忆，自己家是在20世纪40年代初从都匀迁来的布依族，来到石桥村后开始造纸。

张AG老人说，他的祖籍在江西，三弟兄从江西过来，石桥村的张家是老大，另外一个在都匀，还有一个在新化，他们来到石桥村已经第11代了。

MJL自述他的爷爷以前在都匀造纸，年轻时逃荒来到石桥村，便在这里结婚安家，是石桥村最早造纸的人之一，父亲从小就跟着爷爷做纸，在1957年时进入造纸厂工作，但在1958年去参军了，1966年回到石桥村又继续造纸。1987年，他的父亲任造纸厂厂长，为期3年，1992年造纸厂倒闭。他家的造纸作坊门口放着一块牌子记录了传承情况。

荒寨总户数为29户，有孔、熊、谢、周、王莫、龙、杨、刘、王等姓氏。其中，杨、刘、王三大姓是最早的住户，是江西武冈区东路大鱼塘过来的。荒寨85岁的刘家老人回忆说，自己是因为老家发洪水闹饥荒来到石桥村谋生的，开始时是给这里的人打工，后从事打铁，现在，他的大儿子在石桥村经营打铁铺。荒寨55岁的孔姓老人说他的祖籍是山东，明清时期因为屯民来到黔东南兴仁，后因饥荒来到石桥村，初到这里时主要是造纸，后来因为人手不够、销路不好而改行，现在做运沙生意。石桥村荒寨的熊家自述当年因穷没得饭吃，从外面来到石桥村，主要是靠打工、卖药材、帮佣、造纸讨生活，新中国成立后分到了一亩地。

大簸箕苗寨总户数为144户，均为王姓。根据81岁的WQH和78岁的WWB两位老人叙述，石桥村王氏最早生活在榕江，最早来石桥村居住的祖公名叫“努基”，按苗族父子连名推算共22代，约有600年的历史，其他姓氏都是后来陆续迁入石桥村的。

石桥村只有大簸箕苗寨全是4个亲族支系的王姓苗族。姓氏距离一般随地理距离的增加而增加，两者存在正相关关系，而相关性的大小可以反映地理隔离的程度，也反映了我国居民以定居为主的居住习惯。[①]

二、石桥村和谐的民族关系

民居内部多划分为神性空间和人居住的空间，房屋布局揭示了在统一文化体系下，多民族空间演变的关系，体现了族际关系，还体现了人与人之间的关系。如在石桥村发现的契约，就是维系人际关系最真实的信条，是人们共同缔造的认识。

在石桥村，几个自然寨每逢节日都是自己村寨做活动。每个寨子做活动都要凑钱，可以邀请其他寨子的人来参加，受邀的人也会拿几十元出来。像大簸箕苗寨举行六月六活动时，石桥寨上都会有人去，特别是村里面的干部。七月半举行斗牛活动时，斗牛场四周都围满了前来观看的人，男性居多，女性较少，现场氛围随着牛打架的情形不断变化。以前，苗族的七月半过的是吃新节，逢兔场天过；汉族的七月半过的是七月十三。而现在，七月半指的是整个七月中旬。

石桥村民间成立的龙杆会是专门做丧事的。老辈人用龙杆会这种形式来规定村里人的行为，大家一起凑钱参加村内活动，一般凑得不多，多是用来买些锅瓢碗盏。如果哪家既不参与也不凑钱，当其有事时，大家也都不会去帮助他。跟乡规民约定的性质是一样，如果某个人违反了，全村人都会惩罚他。

汉族和其他民族来到石桥村后可以娶苗族的女孩，结婚时遵循苗族的婚礼习俗，同姓不能通婚。南皋乡尝卡村莫家与大簸箕苗寨王家因为有血缘关系也不能通婚，否则会受到诅咒，如不能生育、生病、发生意外等。

新中国成立以后，各姓氏、各民族在石桥村建立起了平等、团结、互助的民族关系。

---

① 陈家伟：《姓氏分布与人口迁移》，《光明日报》2014年11月19日。

第四章　民间文化与乡风习俗

石桥村是一个拥有悠久历史的古法造纸村寨，他们的民俗文化与习俗同样精彩。这里除了精美的苗族服饰、活灵活现的手工艺，还有苗族和汉族别具一格的节日习俗。苗族的服饰从布料的制作、图案纹样和配饰的选择都能透露出当地苗族与生态的关联性，也能从中透析苗族的民族信仰和审美意识。手工艺品的制作材料来源于当地自然的馈赠。当然，石桥村的白皮纸也在其中发挥着作用。

在每年农历七月的农闲时节，苗族与汉族共同迎来一年一度的盛大节日——七月半，苗族的跳鼓自然是最能引人注意的，听着铜鼓的节拍，人的身体会不自觉地跟着摇摆起来。激烈的斗牛比赛现场也是人潮拥挤，呐喊声不断。春节是苗族和汉族一起过的又一盛大节日，当地独具特色的开财门习俗绝对能让你感受到浓厚的节日气息，无论是苗族还是汉族的童子，都会在开财门的时候一同到各家各户开财门。

第一节　苗族服饰

服饰作为人类文化生活的一个重要组成部分，是一个民族文化展示的重要窗口，石桥村的苗族服饰也是如此。博厄斯的文化观认为服饰带有明确的个人化符号特征，又兼具明确的社会和文化指向，它体现着时代的社会风貌，又根植于历史的人文传统。[①] 石桥村苗族的服饰都是经过他们勤劳而巧妙的双手制

---

① 瞿明安：《现代民族学下卷（第一册）》，云南人民出版社，2009，第 5-11 页。

作的，衣服的布料颜色都是用天然的染料染出来的，衣服上的各种精美纹样也都是一针一线绣出来的，就连鞋子也是他们自己制作的。通过服饰，可以窥视苗族人民的传统文化和审美意趣之一斑。下文对服饰的介绍以苗族为主，因汉族的服饰与我们平常穿的大同小异，在此不作赘述。

一、不同主体的衣服选择

（一）男性服装

石桥村的苗族男性在日常生活中就穿汉族服装，只有在节日和重大活动的时候才会穿苗族服装。石桥村苗族男性的服饰分为上衣和长裤子，使用的布料都是他们自己家浸染的布料，一般统一染成紫红色。上衣为长袖立领对襟的样式，从领口到衣脚一般有 7 颗用布缝制的纽扣。衣领的边缘用不同于衣服颜色的布料锁口，在衣领与上衣整体的接口处也要用 1 厘米的布料缝一圈，上衣对襟处从领口到衣脚的两边都要用不同的布料锁边，宽约 2 厘米，有的还会在上面加一些带有流苏的银饰。在衣服的左胸前和衣服正面接近衣脚处两边各缝制一个口袋，用不同于衣服颜色的布料锁口，有粉红色、橘黄色、蓝色等。口袋边缘处有的也会缝制一些带流苏的银饰。在上衣袖口约 10 厘米处也要缝制栏杆（一条与上衣锁边颜色一样 2 厘米宽的布条），上衣上面所有锁边和栏杆处需要的布料颜色或者绣品都是统一的，腰间要系一条自织的蓝色格子腰带。

裤子的布料和颜色都是与衣服一致的，穿起来比较宽松，裤子的样式比较简单，在离裤脚边缘约 10 厘米处缝制一条栏杆。有的用自织的织锦锁边，有的是用绣品。无论用的是什么，都是与衣服统一的，这样服装看起来更协调。苗族男女穿的鞋都是自己缝制的，包括鞋底（具体在后文介绍），男性的鞋面呈黑色，鞋带为白色，鞋面没有绣花。男性服装没有女性服装那么华丽，比较简朴。

（二）女性服装

石桥村苗族女性的服装多为上衣下裙，衣服分为日常装和盛装。日常装上衣多为紫红色，基本都是两件短袖，里面一件多为格纹或者到集市上购买的颜色比较靓丽的衣服，外衣多是自己浸染、缝制的正对襟V领短袖，有两三颗盘扣或只有一颗暗扣。袖口边缘缝制一条颜色鲜亮、宽1～2厘米的纯色布条，穿的时候会将里层的袖口外翻以覆盖在外衣的袖口上。冷的时候就在手臂上戴袖子，它与上衣是分开的，袖子上有刺绣，多为各种花的纹样。里面的内衬有的与外衣款式相同，只是颜色较为鲜艳，有的做成翻领的样式，领覆盖于外衣领口之上。盛装主要在重要礼仪和节日时穿着，内衬依然和日常装一样，只是外衣在日常装的基础上做了一些改变，对襟的盘扣一般有7颗且用银饰，在距领口5厘米至袖口处先以几十颗银泡泡和蝴蝶状的银饰吊着铃铛装饰，紧接着以刺绣纹样装饰，袖口两边是对称的。衣脚一圈都要缝上绣片，并将银铃、银花或珍珠缝在绣片上，走路的时候银饰就会响起来。

下半身着及膝盖的青色一片式百褶裙，百褶裙的褶子都是用黑色的线一针一针缝上去的，仔细观察能看出针脚的痕迹。在百褶裙的两头缝制了两根能够捆绑的细带子，穿裙子时将两根带子交叉绑于前面，方便穿脱。在百褶裙的前后各拴一张紫红色围裙片，每一片上面都有两根绣着精美刺绣的带子，底部都会留出流苏，流苏上面缝有鲜艳的布。穿的时候先穿后面一片再穿前面一片，两片的四根带子均系好垂在后面。以上是日常穿的裙子，若在节日或结婚时，穿的裙子就会鲜艳、靓丽很多。底部的青色百褶裙不变，主要区别在于前后的两片裙子上，后面的一片可穿日常的，但前面一片以红、绿色为主，几乎每一处都有精致整齐的刺绣纹样，裙子底部的流苏是将红、蓝、黄、白、绿5种颜色的毛线缝制在裙子上而成，一般用小珍珠或银饰修饰，银饰上又带有流苏或者铃铛，走路时会发出悦耳的声音。

完成这一片围裙的制作需要半年以上，耗时耗力。除了裙子，她们还用布绑住未被裙子遮挡的腿的部分，有时也在外面套袜子。20世纪50年代前，她们常穿无后跟的草鞋，之后多穿绣花鞋或各种胶底鞋。绣花鞋都是出自母亲之手，从绣着花朵的鞋面到一层一层缝制起来的鞋底都带着母亲对儿女的爱与祝福。

（三）儿童服装

女童的上衣有与成年人样式一致的，只是衣服上的银饰会比较多，也有带刺绣的圆领或立领对襟马甲，在马甲的领口、袖口、对襟处以及衣脚都要缝制银饰，领口、袖口、对襟处的银饰是圆形的，在衣脚的是蝴蝶状或者祥云式，并在下方吊以铃铛流苏。儿童的裙子则不同，只有一层且颜色鲜亮，多为红色，裙长多及脚踝处。在裙子腰身处的表层会用彩色毛线编织 3 ～ 5 个网格，也有的会在毛线上穿一些彩色珠子，在网格的下面以各种彩色亮片作吊坠，类似于流苏。在裙子的中下部分也会用布或绣品做两圈栏杆，在裙脚处仍然要有流苏，流苏缝制的位置依据个人的喜好和审美而定，但缝制的流苏长度要与裙脚齐长。

三、饰

装饰包括发式及其配饰、腰带、围腰和袖套、银项圈四个部分，这些对于苗族人的打扮是不可或缺的，尤其是对于苗族女性而言。石桥村苗族男性除腰带、银饰有一定特色外，其他饰品与汉族无异，此处不做过多介绍。

图4.1 未婚女性发式侧面（陈秀摄）

图4.2 未婚女性发式后面（陈秀摄）

（一）发式与配饰

女性发式分为未婚与已婚两种。未婚女性将头发全部梳于头顶并挽成髻，在发髻的尾部一般会用毛线或者自织的花布来缠绕，在发髻的后面插入家里常用的梳子。穿盛装时发式更加复杂，在日常发式的基础上先加戴一个帽子，帽子是一个不规则的圆形，在耳朵的地方留出长度，在留出来的地方装饰有手工绣的一朵花，多为红色，差不多能够完全盖住耳朵。帽子上、额头前的位置要系上一块有着丰富纹样的银片，用类似于系裙子的带子，将其绑于后脑勺之上；在后面带子的底部也装饰与前额同样的银片，用一根可以调节的带子系于前额银片的里面，这一系列组成一个帽子。在日常发髻的梳子上面插入的是银梳子，银梳子吊着与梳子同样大小或更大的银饰流苏，走起来会不停地摆动并发出声响。在发髻的右侧插入两根银发簪，一根是两面都有装饰，上面有 6 颗类似花蕊的东西，往下的部分是银饰流苏。在这一根银簪的前面插着另一根银簪，留出的部分呈椭圆形，由很多小银链组合而成的链子搭在高高凸起的发髻上。在发髻的左侧靠近额头中间的位置插入一根 25 厘米左右的尖头发簪，发簪是朝前面伸出来的，在发髻前面的左侧再插入一朵红花作为装饰。穿盛装的时候，有的未婚女性头上也会戴银角，戴银角就不戴红花。女性儿童的发式与未婚女子的一致，男性儿童有时戴虎头帽。

图4.3 已婚女性发式正面（席禹梅摄）

已婚女性挽髻向前，额头前的头发要弄得蓬松并延至耳朵处，像帽子一样，这个很考验人的手法，每一次都要弄很久。在发髻的尾部用漂亮的毛线或者布缠起来，从后面看也很漂亮。发髻的后面插着梳子，可用木梳也可用银梳（银梳只有在穿盛装的时候才会用），并在右侧插银簪，在发髻左前方插一朵红花，看起来十分喜庆。头发乱的时候就可以取下后面的梳子梳理头发，十分方便。

（二）腰带

腰带是自织或购买的，其样式与上衣袖口的样式一致，穿好上衣后绑于腰间。女性是在腰间绕三四圈以后系于左边，有的未婚女性的腰带会多增加一层钉了银饰的带子系于最外面；男性将腰带在腰间绕一圈之后系于左侧。银饰在此分为三行，第一行和第二行的是一样的，都是有纹饰的梯形小块；第三行是绣着蝴蝶纹样的长方形银块，并在其下面挂着很多银铃铛和蝴蝶形状的银片。

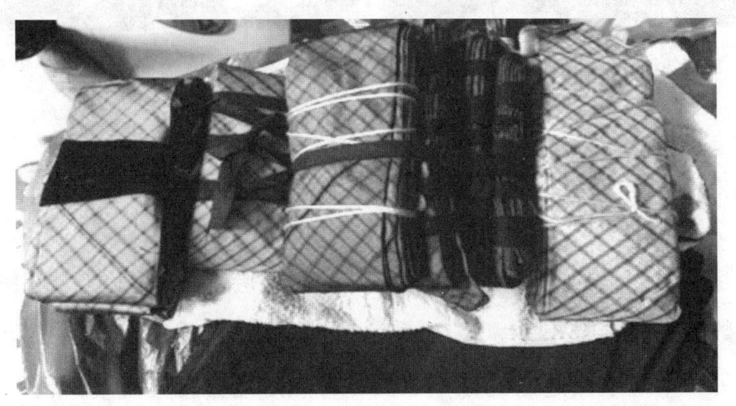

图4.4 腰带（陈秀摄）

（三）围腰和袖套

围腰是已婚女性的专属，未婚女性不佩戴。围腰整体呈黑色，上窄下宽且随着身体呈现一定的弧度。围腰的最窄处缝制有绣上花朵的绣片，绣片都是苗族妇女自己绣制的。在腰间的位置有系围腰的带子，在围腰的顶部缝 2 个银饰，以便将挂在脖子上的银链子与围腰连接起来，在连接处银链子上一般会有蝴蝶银饰挂钩，不仅体现苗族对银饰的热爱，也表现出苗族对蝴蝶的偏爱。穿戴的围腰几乎是与身上的片裙齐长。袖套也是盛装中必不可少的一部分，其样式多与围腰的绣花纹样统一。未婚女性可以随意选择绣花纹样。袖套的重要性尤其体现在冬天，既美观又御寒。

图4.5　围腰和袖套上的刺绣（陈秀摄）

图4.6　系围腰的带子（陈秀摄）

（四）银项圈

无论是未婚还是已婚，女性在穿盛装的时候会搭配项圈，可戴 1 个也可戴多个，少数的人会选择不戴。戴在最底下的项圈是最重的，有两三斤，几乎没有纹饰，另一个是连接起来的镂空项圈，特点是比较轻且美观，也有人选择佩戴由多根小银链子组合而成的项圈。银项圈的形态多种多样，人们可以根据自己的喜好选择。

三、石桥村活态传承中的民族手工艺

石桥村苗族的民族工艺极其丰富且一直在历史的长河中流传。当地从事手工艺的均为女性，男性主要从事一些体力活。每当农闲时节到来，家家户户的妇女便开始了手工活，例如刺绣、染布、织布、制作背带等。

（一）刺绣

在石桥村，做刺绣的几乎都是苗族，汉族很少有人做。刺绣主要用于苗族的衣服、围腰、袖套、鞋等。人们做刺绣一般都是农闲时节，尤其是在农历六月和七月，这个时候天气炎热，农活也已经做得差不多，人们可以安心在家做手工。做刺绣要先用纸画好花样，再将纸粘在布上，以前绣花的花样都是自己买硬一点的纸来画，现在基本上都是到周围的集市上进行购买。不过当地人说他们基本不用石桥村造出来的纸画花样，因为石桥村的纸太软，绣出来的花不是那么活灵活现。粘好花样再利用绣绷开始一针一线地绣上去，绣的时候顺序不定，一般先绣叶子和茎，再绣最难绣的中间那朵红花。红花的绣法首先是将里面短一些的线条先绣上去并且留好空隙，再把长一点的线条嵌绣进去。等绣品出来以后将其缝制在已经做好的围腰或者袖套上面。做刺绣的时候要非常有耐心和毅力，出错的话就得把线拆掉，会留下痕迹，也会影响到放在布上的纸样，这样绣出来的作品会不太理想。绣围腰上一朵较大的花要花费一两个月的时间，绣袖套上的一朵花则要耗费一个月左右。这还是在专注于绣花的情况下，倘若还要忙别的事情，这么短的时间则无法完成。

图4.7　苗族妇女刺绣花纹（陈秀摄）

图4.8　苗族妇女正在刺绣（陈秀摄）

苗族女性的鞋是纯手工制作的，做出一双成年女性的鞋需要一个多月的时间。在绣鞋的花样之前，还要先将鞋底做好。鞋底类似于我们常说的千层底，大部分的布料都为白色，最上面的一层会用颜色丰富一点的布料来做，比如做衣服袖子的格子布，看起来比较美观。做鞋底首先将两层或者三层布用线一针一针地紧紧地缝在一起，最上面的一层要用不同的布料来压边，沿着底部边缘用布包起来再用线缝好，做好六层之后把它们粘在一起，这样就是鞋底的成品。之后按照鞋底的大小缝制鞋面，鞋面有白色、绿色、红色，可以根据自己的喜好来选择颜色。鞋面的所有边缘都要用不同于鞋面的布滚边，非常具有层次感，例如绿色的鞋面会用黑色的布滚边。鞋面一开始做的时候后跟处先不缝起来，要等到滚边绣花全部做好以后才会缝起来。

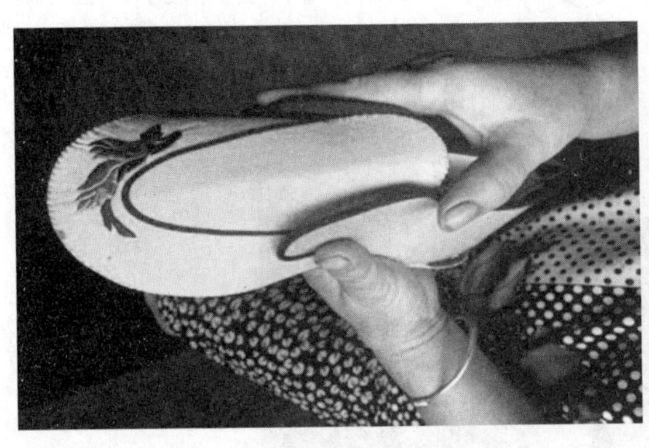

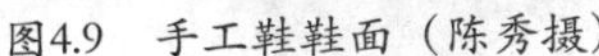

图4.9　手工鞋鞋面（陈秀摄）

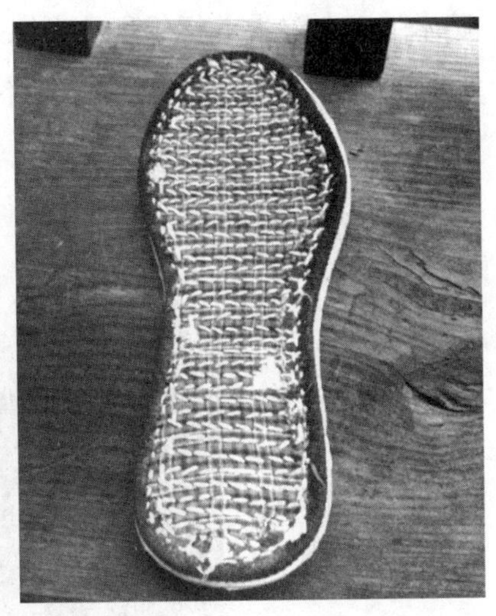

图4.10　自制鞋底（陈秀摄）

在鞋面上脚背的地方要留出两只耳朵，在耳朵上各弄 2 个或 3 个系鞋带的眼，在鞋面最前面的外侧常常会绣上一朵红色小花、一片叶子和一条杠，花跟之前描述的刺绣是一样的做法，先绣好再缝于鞋面上，但是杆的形状会随着鞋面的圆头发生变化，全部做好以后把鞋面的后跟部分缝接起来，将鞋面的底部与鞋底缝接在一起，一双做好的手工鞋就呈现于眼前。这样精美的鞋子与苗族的服装是绝配，一般只有在赶集、吃酒席和过年过节时他们才会穿，而且穿的时候一定要小心少沾到水，否则鞋底容易腐烂。

（二）染布

石桥村苗族的衣服基本都是用自己家里染出来的布做的。在 1959 年以前，苗族人家中几乎都有染缸，一般为木质，现在多用塑料桶或者大盆来替代。染料主要是以蓝靛和山上的树根为主。以前大家比较喜欢在初秋时开始染布，造染水的时间多选为“龙”日。浸染之前要祭拜染布神，先将染缸安置于房内的圆柱旁边，剪 3 个白纸人（象征染布神）贴于染缸上，用 3 条鱼、3 个碗、1

碗米加 2 个鸡蛋进行祭拜。当地人认为只有祭拜之后染水才会更好，进行染色时才会顺利。在春耕之后一般不再染布，或把染水倒掉，或用斗笠将染缸盖住，在上面压一块泥土，表示已经封缸。他们认为如果雷神看见染水，会不愿降雨，影响耕种。

图4.11　晒布（陈秀摄）

现在染布的时间比之前提前了半个月左右，一般是在夏末时节，天气比较热，有连续的晴天，便于进行多次浸染和晾晒。布料都必须经过多次浸染才能得到满意的颜色。染布的步骤主要分为 4 步。第 1 步，先从集市买回白布，之后有人来收取拿到舟溪镇上染成黑色再返还给各户。把布染成黑色这一步有的人也是自己来完成，他们是用在山上挖的一种树根进行浸泡并熬煮 1 ～ 2 小时而成，这种树根一般可以染五六次布。但是石桥村没有这种树根，在清江村才有。这种树根很难得到，就有人直接从集市上购买黑布回来。第 2 步，在大晴天的时候拿着白布到比较宽敞的地方进行染色。大簸箕苗寨的人大多会拿到河边的停车场进行浸染，石桥村纸街附近的人主要拿到风雨桥的河沙坝上浸染。因为布都比较长，只有在宽敞的地方才能将布展开晾晒，及时晾干再进行后面的浸染。不仅要拿到宽敞的地方，而且要接近水源，因为染料要用水来搅兑。

很多阿婆用自己到集市购买的猪血兑水来染色，染的时候用其他布来蘸着染料均匀地涂抹在白布上，需要染三四次，晒干后收好拿回家中。第 3 步，将布料进行蒸煮，大约花费 1 ～ 2 小时把布料蒸熟，再晒干。第 4 步，把布放入有蓝靛的染料缸中进行浸染，这一步不仅是染色，还有去猪血腥味的作用。这一步也要浸染多次才能完成，每一次浸染完成，都要晒干、捶打、再染，直到浸染晒干的布料呈现出来的颜色是明亮的紫红色，且摸起来有点硬邦邦的才算完成。当然也不能无限制地染色，染太多次布料会呈现出黑色。染出来的这种布一般用来做苗族服饰的上衣和两片裙子。

在两片裙子的内部她们还要穿一条百褶裙，百褶裙的布料也是自己染的，但是染色的步骤比较简单，拿树根或者蓝靛来浸染就可以了，染出来的颜色差不多是深蓝偏黑，布料也比较软。

（三）织布

织布机机身是木质的，一般人们都会用一个专门的房间来摆放织布机，也有的摆在临时空着的房间或者其他地方。我们采访到的是一位阿婆，阿婆正在织的是苗族衣服的袖子部分。该布以绿色线为主体，再以深红色、蓝色、绿色的线交换着织，织出来的布是绿色格子布。每一次织 1 厘米左右的绿色再用红线织 4 次，再用蓝色的线织 2 次。

织布看上去似乎比染布简单，但是做起来要特别细心，容不得一点差错。第 1 步是牵布，遇晴天最佳，还需要在一个十分宽敞的地方进行，不然无法施展。先将所需颜色的线按一定规律排列出来，再把牵好的线慢慢用一个能够架在织布机上的滚筒来紧紧地裹住，裹的时候 1 定要按照线的排列裹紧，否则织布的时候会特别麻烦。第 2 步，把第一步裹好的滚筒安装到织布机上，梳理好线就可以开始织布了，每织一次布都要手脚并用，手要拉住挨着布的挡板，梭子带着线过去要拉挡板 3 次，这样线才会紧一些。织布机的下面有 4 块小板子，每一次织布时脚底踩板子都不同，一次是踩中间的两块，一次是踩左右两边的两块。若是织错了，也是通过踩下面的板子来调节，可以退回来重新织。在挡板的后面还有4把梳子，这4把梳子的动向由脚踩的板子决定。在织布的过程中如果出现线断了的问题，就要十分耐心地接线，分清楚它属于哪一个位置，然后用新的线接上，拉出5厘米左右的接头，再接着织。织到大约30厘米长时，则要将其裹在织布机最靠近自己的一根木棒上，直至全部织完。在织布的过程中要经常梳理未织的线，这样才会比较顺，织起来也比较省心。

图4.12　织布机（席禹梅摄）

图4.13　织布用的梭子（席禹梅摄）

（四）背带

背带是我国南方少数民族妇女生活中重要的生活用品，也是她们倾注爱意、展示才艺的最佳“窗口”。石桥村的苗族背带更是如此，都是母亲或者外婆倾注爱意自织自绣缝制而成的。从总体上看，背带的颜色都比较深且背带本身的适用性特别广，无论是刚出生几个月的婴儿还是5～6岁的儿童都可以用它来背。从做工上，不仅有纯织制而成的，也有充分展示绣工的手织。纯织制的也并不单调，因为做背带的布会织有特别复杂的纹样。纹样充分展示了苗族对自然的崇尚与热爱，充分表达了苗族的信仰与追求，也饱含了对子孙健康成长的殷切期盼。

在农村，尤其是农活比较繁重的季节，大人们为了让小孩能够在自己的视线范围内，背带是比较方便且放心的工具之一。因为小孩就背在自己的身后，有一点点的不适时父母都会及时发现并解决。当然，这种情况是小孩子在3岁以下，如果孩子能够自己去玩耍且不至于有危险的时候父母就不会再背了。干活时、小孩子生病时，父母都会将孩子背在背上，所以背带可谓是母亲、外婆为孩子筑起的最温暖的襁褓。

石桥村的背带多呈长方形，两侧各缝制一根带子，带子长度约5米，便于背孩子的时候在大人的身上缠绕两至三圈再将其系于腰前。这里的背带以苗族为典型，都是自织自绣的，一般是外婆为外孙准备，在外孙满月之际，外婆会将自己提前做好的背带送到家中。

背带分为两种，一种是纯布制成的一片式带着两根带子的样式，比较软。中间用于包裹孩子的部分呈长方形，但缝制在长方形对边的带子不是对称的，是选择对角缝制的。在背孩子的时候先将其沿着对角延伸出去的布条卷成一个小三角形，再把孩子放在中间，卷好的布条先在胸前交叉，再缠绕到腰部后面交叉，再拉到前面系好即可。如果觉得带子剩余很长不方便，则可以再在腰前交叉缠绕到腰后即可。

这一类背带灵活度较高，它包裹孩子身体的宽度可以随着孩子的成长而改变，可以使用到孩子五六岁。包裹小孩的那一块长方形布长约2.8米，宽约1.8米，长方形被中间一条30厘米左右的织锦分为3个部分，中间是织锦，两边是对角延伸出去的约2米长的两条带子，而在长方形的没有带子的两个对角处缝制了一条黄色的织锦，在这条黄色的织锦里面还有一条很小的红、白色的织锦嵌在其中，不认真看的话不太看得出来，这些都是极其考验做工的。位于长方形中间的那一块织锦的图案是由大小不一的菱形里装着万字纹、漩涡纹、倒钩藤等纹样构成，每一个菱形中的纹样和排列方式都不一样，所以织锦之人是非常了不起的，只凭着不同排列的线条就能织出丰富的图案纹样，所有的纹样都来源于百姓生活和对环境中事物的认知。

还有另一种背带，它的外形跟我们平常见到的背带很相似，但它有自己的独特之处。总体颜色比较鲜亮，有纺织工艺也有刺绣的体现，它由一条很长的织出来的带子将中间的一片连起来缝制而成，这条带子总长约 9 米，由红、黄、绿、紫、白、黑 6 种颜色的线按照一定的规律排列纺织而成。中间那一块的边缘是一条长 1 厘米的黄色锦缎，而在黄色锦缎和中间一片连接的地方有一条很小的深蓝色线条。中间的一片是一个长约 1 米、宽 0.8 米的长方形。长方形又均匀地分为两半，上面一半是由粉红、黑、浅绿 3 种颜色纺织而成，图案纹样十分丰富，有菱形、三角形、万字纹等，菱形纹样居多。下面一半以黑色鹅绒为底色，在中下部分绣着一朵花，中间是一朵黄蕊大红花，以红花为中心长出 8 条藤蔓，红花的左边是 2 个大花苞，右边是 2 朵较小的粉色和大红色组合的花朵，此处还有 4 片由绿色线绣成的叶子。看起来十分生动，就像一朵正在开放的鲜花。这个花的纹样与当地苗族服饰围腰和袖套上的花纹样相似。中间这一片的另一面（即包裹孩子的一面）是用自己家织的格子布缝制的，这个布是苗族服装中做袖子时所用的布料，看起来鲜艳靓丽，非常富有民族特色。这种背带没有第一种类型灵活，因为中间的宽度是固定的，不可调整，如果孩子的身体太大则中间的布会包裹不全，所以就不会用它来背孩子，只得把它珍藏起来以作纪念或留给下一代用。

现在外出打工的年轻人越来越多，他们会购买流行的简易背带来背孩子，几乎不再用这种绣出来的背带了。随着经济水平的提高，大家都比较乐意去买市场上的背带来用。因为这种背带做起来很耗费时间，会做的人也越来越少。

石桥村作为拥有千年造纸工艺文化的村寨，制造出来的纸不仅仅用于文人书画，心灵手巧的苗族女性也用来制作手工艺品。首先就是用于刺绣的模板，因为石桥村制造的白皮纸柔韧性非常好，刺绣的时候对花样的破坏程度可以降到最小。先用当地的纸画出花样，再按照花样剪出形状，最后再放到刺绣的布料上面一针一线地缝制，这样绣出来的图案会比较立体，更加活灵活现。而且就算出错再将其拆开，纸模板也不会受到太大的伤害，可以再次使用。因为现在很多人不太会画花样，更愿意去市场上购买已经画好的花样，故很少用石桥村的纸。此外，由于当地白皮纸的防腐性和防水性都很好，也会将其用来包裹银饰，以保持银饰成色不变。

第二节　日常礼俗

每当遇到满月、婚礼、葬礼，按照礼俗，几乎每一家都会办酒席。办酒席的时候，大多数人家都是请寨子里的人帮忙，只有少部分的家庭会请一条龙服务。因为他们的家庭经济较为富裕，或者在别人家有酒席的时候不去帮忙，所以自己家里有酒席时也不好意思请人来帮忙。不过现在每个寨子里都规定，若哪家有红喜（满月酒或婚礼）的时候，可以不参与帮忙，但是白喜（丧礼）的时候，每家每户必须至少有 1 个人来帮忙。此外，每家每户都购买了一副办酒席的餐桌、炉灶等，当有人家办酒席，每家都会将自己家的餐具带去。客人们随礼大多数都随 100 元、70 元、60 元不等，最低随 50 元。随礼时按照礼尚往来的原则，别人到自己家来时送得多，还礼时也要随一样的数额或者更多。

一、满月酒

满月酒，在当地又称为“月米酒”，这是在新婚夫妇的第 1 个孩子出生 30 天左右男方家举办的庆祝小孩出生的酒席，具体举办的时间要请“先生”来推算，选定一个吉利的日子办酒并通知外婆家。外婆家来人的时候拿的东西非常丰富，以小外孙的需求为主。送的东西主要有 10 多袋 100 斤的谷子，这些基本上够外孙吃好几年；100 多个蛋，1 只 2 斤以上的母鸡，这些以自己家里养的为最佳；3 ～ 5 根外婆自己做的背带；小孩子的鞋和袜子，以前外婆家送的鞋有 30 双或者 40 双，全部都是出自外婆之手，准备的这些鞋都是可以供小孩从小穿到大的；外婆自制的小孩衣服；被窝，长与宽都是 2.5 尺且 4 只角上都会绣有 1 朵大红花，绣出来的纹样与绣在围腰和袖套上的一样，但是要更大一些。几乎要占满每个角，看上去十分喜庆且大气。这个被窝既可以用于小孩睡觉时盖，也可以背小孩时垫于背带之内，让小孩子更加舒适，被窝除了送小的还要送一些大的。外婆给外孙准备的东西基本都能满足孩子从小到大的需要，但现在会做手工的人并不多，一些年轻人总觉得那些东西没有现在市场上卖的东西舒适，所以现在外婆送的东西也在慢慢精简。

除了外婆家，其他亲戚也会来祝贺，但送的东西就不像外婆家那么丰厚。亲近的亲戚会送 1 套衣服、小车、毯子、布、毛线或再送一些礼钱等；关系远一些的亲戚就送 10 个或 20 个鸡蛋和一些白米、毛线、布、礼钱等。现在大多数都直接送礼钱，一般为 50 元及以上，而主人家在这一天要准备丰盛的酒肉招待亲戚朋友的到来。

有的家庭觉得办满月酒太过麻烦，所以选择简单庆祝一下而不再办满月酒，主要由孩子的外公外婆自主选择一个好日子来看外孙，他们也会把给外孙准备的礼物在这一天全部拿来，男方家也会隆重地招待外婆家来的亲戚们。虽然不如办酒席那么热闹，但是该有的礼数不会少，外婆家准备的礼物种类也不会少，只是数量会相对少一些。

二、婚礼

在石桥村，以前苗族与汉族基本不通婚，他们主要跟石桥村附近的卡普、九门、兴仁等地的苗族开亲。适婚的青年男女有的是通过父母、亲戚朋友介绍认识，双方觉得合适就可以结婚了，也有自由恋爱成为夫妻的。山歌便是他们交流的重要媒介，他们因山歌而相识，通过山歌相互了解，最后喜结连理。离石桥村只有几千米远的甲劳村，在每年农历七月的第一个牛场天有著名的爬坡节，每到这个时候，未婚的青年男女都会聚集在山坡上唱山歌，主要用苗语演唱。仅仅只有这一天来唱歌、认识异性是不够的，人们还会相约在赶集的时候唱歌继续深入了解对方，通过唱歌了解得差不多、双方确定关系之后，男方到女方家中提亲，若双方家长都特别满意，就可以将婚礼的事宜提上日程。改革开放之后，随着思想观念的改变、交通条件的改善、教育的普及及外出打工人员的增加，择偶标准不再那么局限。不仅在民族选择上有了一定的改变，地域上也发生了极大的变化，择偶方式也随之变得更加丰富。现在主要的择偶标准是“合心”，即符合男女双方的意愿，无论什么民族、哪个地域皆可通婚。所以村里不仅有不同民族之间的通婚案例，还有很多外省（如湖北、广东等）嫁过来的媳妇。现在的爬坡节也不再是青年男女相互认识的主要途径，山歌渐渐退出年轻人的视野，大家认识和了解的媒介有QQ、微信、微博等各种社交软件，有更多的选择。

认亲是青年男女谈婚论嫁的第一步，需要家中父母和族亲一同前往女方家中说合。男方去之前要选一个良辰吉日，由父母出面叫上自己家中的叔叔、伯伯、堂哥、堂弟等最少20个人带着1头200斤左右杀好的猪、100多斤酒、50斤熟糯米、几十包糖。拿到女方家的这些东西都是用于招待女方家中族亲的，当然，女方家也会将它们用来招待去认亲的人。几十包糖不仅要在当天拿出一部分来招待在场的人，还要给女方的族亲一家送1包，去认亲的人要在女方家中住两个晚上。现在交通方便，也可以在女方家中吃一顿饭就返回。

过彩礼。汉族的彩礼一般为六七万元，苗族要10万元以上。具体多少钱要视男方家的经济情况而定，好一点就会多要点，不好就少要点。有的双方家庭都觉得很满意的话，彩礼就是意思一下，一两万元也可以。女方家也要准备陪嫁，陪嫁的东西和钱视经济情况而定，一般女方在置办嫁妆的时候都会考虑男方家拿来的彩礼，彩礼高的就多陪嫁一点，少则陪嫁少一点。总之，女方家得到彩礼以后都会再增加一点陪嫁到男方家。通常，女方家要送6件、8件或12件棉被，女方家送到男方家的东西包括自己父母家的和寨子里叔叔伯伯家送的，叔叔伯伯会按照血缘的亲疏决定送多少，关系亲近的要送大件，例如洗衣机、冰箱等。当这些叔叔伯伯过世的时候，姑娘要抬猪、请唢呐、请花灯等来祭奠。对于汉族来说，以前叔叔伯伯会送东西，现在基本都送钱，一般是 50 元以上。而苗族仍然送东西，价值 30 ～ 50 元，看起来数量很多，但是实用性不强。苗族的嫁妆就要少一些，基本只送 1 个衣柜和几套妈妈做的苗族衣服即可，其他的东西要等到女方嫁过去生了小孩到满月的时候才会送去。

婚嫁与迎娶。时间的选择一般是农历九月至十月，这时天气不冷不热，无需烧柴火招呼客人，且菜品不易腐臭，而且这段时间农活几乎都做完了，新的粮食也已经全部收到家中放好。在冬月和腊月期间比较冷，客人来到家中必须要有取暖的东西，比较麻烦。不过现在由于外出打工的人过多，时间多选择在农历腊月期间，这个时间外出打工的人都返乡准备过年，比较热闹，帮忙的人也会多一些。

抢亲。很多地方的苗族都有抢亲的习惯，大簸箕苗寨的苗族也不例外。由父母选好日子，包五六斤糯米饭，再包几包炒好的肉、毛巾、布等这些东西，把它们藏在去新娘家的路上，等接到新娘返回到此的时候才将其打开。抢亲的时候，新郎叫上自己的十几个小伙伴一同前往新娘家将新娘接出来。新郎到的时候，新娘的父母都已经睡下，新郎悄悄地把新娘接走。新娘子会在之前就通知她的同伴们今天晚上送她到男方家，当然这些同伴必须都是未婚的，舅妈们也会一起送新娘到新郎家。等大家走到新郎提前约定好的地点时，新郎会打开从家里包来的糯米饭和肉分给大家吃，吃过之后，舅妈们就不再与新娘同行，而且新郎要分给舅妈们每人 10 元或者更多、1 张毛巾和足够做 1 条苗族裙子的布料。舅妈会返回自己家中，同伴则会一直陪着新娘到新郎家中，住上至少一个晚上后返回自己家中。到达新郎家的这一个晚上，这些未婚男女青年并不会早早休息，这也是青年男女之间认识的大好机会，假如在那天晚上有互相看中的，以后也方便交往。新郎这边的男青年会聚集在新郎家与送亲来的姑娘们欢歌起舞，如果是在木房子二楼的话还要刻意敲响楼板，这样，整个寨子的人都会知道今天晚上这一家娶媳妇了。

熟客。结婚 3 天以后，新郎家中要喊 2 个或 3 个比较德高望重、能说会道或者与新娘那边的老人比较熟悉的老人到新娘家中报信，告诉他们：“你家姑娘来到我们家了，我们来熟你们哈！”熟客这一程序是必须要走的，不然女方家会觉得男方家不懂礼仪，也会不太搭理男方家，甚至会退婚。去熟客的人要带两三斤糯米饭、一壶酒、肉，这个过程不是一次就能完成，要去熟三回，三次带去的东西都一样。假如女方家不喜欢男方家，感觉不合心，就会对男方家的人说：“你抬回去，你们不能进我家。我不认识你是哪个，我家没有那个姑娘，我们没有喊你来熟我，哪个喊你来你就去熟哪家，不要来我家。”如果女方家对男方家很满意的话，他们就会倒酒招待，也会吃带过去的糯米饭，然后把酒和肉放好。男方家只有得到女方家的酒喝了才能去第二次和第三次，等三次熟客程序走完，女方家会把三次带去的肉和酒都拿出来做好，喊他们的族亲来吃饭并借此机会与男方家去的人互相认识，这样，两家人才算正式结为亲家。

走媳妇。当地人也称为“走客”。这是当地苗族一个特别的习俗，如娶了新媳妇，插秧结束后，婆家要包粽子回娘家。这个活动一般都是在农历五月期间，具体时间自行选择，但不能超过五月，否则娘家会很不高兴，不仅娘家人会笑话婆家这边，婆家寨子里的人都会笑话，大家都认为这个婆家不懂礼数。如果是插秧结束后才娶的媳妇，那就等到第二年插秧结束后再送。这些粽子由婆家中年龄较大的女性制作的，包好、煮熟后再由几个人抬到娘家，主要是分给娘家的至亲。粽子数量不限，少则100多个，多则两三百个或者更多。除了粽子，还要拿一只2斤以上的母鸡或公鸡、一壶酒、猪肉，家庭经济状况好的可以抬一头猪，如果经济条件差一点，拿一只猪腿即可。去的人数也是随拿的东西的多少而定，老年人一般很少一同前往，一般都是年轻人同新娘新郎一起去，以前去的人要待一两个晚上才回来，现在去吃一顿饭就全部一同返回。娘家人会把婆家拿去的鸡当场杀来招待，所以一般家庭都不会带太小的鸡过去。当地汉族也会送，但是没有苗族的隆重，只是随便包几个长粽子送去给媳妇的娘家人吃就可以了。

当地汉族的婚俗与其他地方汉族的没有多大差别，在此不再赘述。

离婚或再婚。传统社会中，人们对于离婚是不允许的，因为在他们的认知里，“姑娘是骡子命，得肥吃肥，落瘦吃瘦”。如果女方因在男方家过得不好私自逃跑，不仅夫家要找女方麻烦，还要找女方娘家的麻烦，女方的娘家人自然也不会放过女方，因为她们觉得女性从夫家逃跑是十分丢脸的事情。现在就不同了，只要女方过得不好，不仅女方可以逃离这样的生活，而且娘家人还会帮助她获得更好的生活。在纸街上有一个哑巴的妇女正是如此，她原来是嫁到湖南，但因过得不好就回到了娘家，后经介绍又再婚了，但是丈夫常常打骂她，娘家人便将其接回家中一起生活。

三、葬礼

在石桥，苗族的丧葬习俗和汉族有所区别，但方法都是土葬或火葬。正常死亡的都是土葬，非正常死亡的进行火葬，例如年轻人因病去世就会采取火葬。整个丧葬仪式包括送终与报丧、守灵、吊丧、入殓与出殡、安葬、拜灵、送水、走客 8 个过程。

送终与报丧。老人临终时，一家人都会围在其身边，但最好由儿孙扶其落气，当地人认为这样子孙后代才会“得力”，做任何事都会顺遂。还要用净水来给逝者擦洗身体，梳理妆容，逝者是男的就让儿子洗，是女的一般由儿媳妇洗（都只是象征性地洗一下）。接着是给逝者穿寿服，汉族穿的是集市上卖的寿衣（也称老衣），类似于以前的长衫，苗族就穿苗族的衣服。寿服的件数必须是单数且一律不能用纽扣，如果发现寿衣有纽扣或者金属之类的东西要拿掉。逝者的寿鞋里面必须要放蚕茧片，当地人认为这样逝者才能顺利走过阴间的毛虫坡。穿戴完毕后，将逝者停放于堂屋的灵床上，头朝东，脚朝西。如果当时没有棺材，就在高凳子上铺好板子，垫上白布、白纸，再用白布覆盖逝者，等棺材到了再装进去。这时，女性家人开始围在逝者身边痛哭，男性家人到外面放鞭炮或铁炮向寨邻报丧，并开始请道师、通知龙杆会。去世村民所在的龙杆会小组的主要领导班子要及时过来，开始通过广播通知本小组的人“某某去世，请本小组的人全体到场”。总的负责人会根据到场的龙杆会成员的个人能力来分配工作。

汉族就是找道师到家中来为逝者开路、散花并择定安葬日期，根据年龄和十二生肖推算出哪天可以安葬，一般要选择属相为鼠的那一天，有的两三天就可以下葬了，也有的要七八天才能下葬，如果离鼠场天比较远，也可以选比较好的日子上山，但不能选择属相为猪、狗的日子，因为人们会觉得是在埋猪葬狗。还有一种情况是，家人特别舍不得逝者且经济条件特别好的，就会多留逝者在家中待几天才下葬。从去世那一天开始，每天都有很大的开销，通常一晚上不少于1000元，包含烟、酒、肉、瓜子、水果、夜宵、碳（天气寒冷时）、租麻将机和帐篷等。时间越长，开销越大，一般人家难以承担。选定日期后，家人会各处奔走告知亲戚，先到舅舅家报丧后才向其他亲戚报丧，体现出舅家的重要地位和“舅家为大”的习惯。从第一天起，一家人就开始披麻戴孝。

苗族都是请鬼师来安排仪式，以前大簸箕苗寨里就有鬼师，有需要时请起来比较方便，给的酬劳一般不会太多，给一点钱表示心意或者买点烟、糖之类的即可。现在寨子里没有鬼师，请外面的鬼师最少要给120元的报酬。鬼师在作法的时候，要在灵堂前的桌子上放置木升子，盛满白米，上面插上三炷香；鬼师给老人开路时，要逝者的女儿、女婿在场才能开。苗族有人过世不像汉族一样穿孝衣，而是穿苗族的传统民族服装。苗族家中有人去世，女儿或者儿媳、堂儿媳互相轮班，一天24个小时都拿一根茅草在灵堂里扇，表示在给老人驱赶蚊子，直到逝者出门。

守灵。停尸待葬期间，在龙杆会的组织下，每天寨子里会有不同的人过来，白天帮忙做饭做菜，晚上来陪伴主人家守灵，每一天都安排有固定的人员。在灵床下要点长明素油灯，每天晚上都要烧香烧纸，孝子们要日夜看守，防止猫、狗、鼠过尸身。如果猫、狗、鼠过尸身，这被认为对后代不利。在夜间，孝女或者孝媳会在灵床旁哭丧，逝者如果是在外面去世的则不能进入堂屋内，要将灵床停放于院子里搭好的篷子下。

吊丧。这是安葬的前一个晚上所进行的活动，当地人也称之为拢客。这个晚上也是整个丧礼期间最隆重的。届时亲友们会带着请花灯或者吹芦笙的人，带着米、酒、寿单、用纸做的各种生活用品、纸钱等礼物前来吊唁，每一个女儿还要抬一头猪或者几个女儿合着买一头羊来祭奠亡灵，亲女儿和堂女儿都是如此。这一天，逝者的女儿和女婿、重孙，或至亲家中比逝者小两辈的都来戴孝，孙女婿要挂红（拿一点红纸贴在白孝的前面，红纸可以是一个小圆点也可以是其他形状的，表示对老人家最后的离别）。同时，这一天晚上还必须要请道师来给死者开路和散花才算了事，开路仪式耗费的时间较长。在拢客这一天，只是逝者的女儿和女婿会抬祭猪和酒来，供完以后，会倒点酒在地上表示祭奠亡灵。这一天最为隆重的是请亲戚朋友来跳芦笙送别亡灵，经济条件不太好的家庭就请鬼师来念一下，现在很多经济情况较好的苗族也开始请花灯来送别亡灵。

现在交通方便，很多亲戚就只是在吊丧这一天来，出殡就不过来。这天家中要杀一头牛待客，也要杀猪以备有的人不吃牛肉，再炒几个其他的菜，至少要有 14 个菜。大量的菜在冬天容易保存，若在夏天，人们就会把菜都放到河沙坝周围，因为那里的水是凉的，可以防腐臭、防蚊虫。吃的时候，牛肉放入置于桌子中间的火炉上的小锅里炒，猪肉等其他配菜拿菜碟装好放在桌子上面。

这些菜在办酒席当天基本都吃不完，主人家和其他人都可以将剩余的菜用作猪食。石桥村吃席的时候，所有的桌子都是一起开，这样方便所有的亲戚能够一起吃饭，吃饭时间外，许久未见的亲戚朋友也可以互相交流。据说，有的人家亲戚少一点是 80 桌一起开，多的话是 130 桌左右，场面非常壮观。在石桥村有足够容纳这么多桌子和人的地方，荒寨可以在村委会门口的停车场上摆，小学附近的居民可以在小学附近摆，在纸街上的人家沿着纸街摆，靠近路边住的村民可以沿着路边摆或者拿到河沙坝那一片摆。

出殡。汉族和苗族不一样，汉族在人临终后等道师来就可以入殓，苗族则在出殡后才入殓，在出殡前一般人家会杀猪祭奠，经济状况好一点的人家会杀牛或者羊。所杀之物的选择与逝者的性别是相关联的，逝者是男性则杀公牛，是女性则杀母牛。用来祭奠的猪或者牛要赠送一只带尾巴的腿给舅家，待舅家临走时将尾巴割下留给主家，表示两家的关系不会随着逝者的离开而疏远，会长久保持友好的亲戚关系，这也显示出舅家的重要地位。出殡时，苗族的习惯是棺、尸分开抬到埋葬地。从家中出发的时候，道师一手捏公鸡“引路”，挥着马刀一边走一边吆喝，走在最前面引导，意为走阴阳路。孝子紧跟道师，抱着用稻草编捆的猪脚或者牛脚，随后是大媳妇头上挂着半谷半饭的竹篮——逝者的粮食，二媳妇手中拿着芭茅草驱赶妖魔。接着是穿着盛装送逝者上山的亲友，沿途芦笙不断，鞭炮声也是阵阵响起。人们认为这样才能赶走拦路的恶鬼，亡灵才能顺利通过去往阴间。抬灵途中不能换肩，只能换人，换肩被认为会让亡灵在阴间失去力气，现在大部分苗族已经不采取棺、尸分开抬，有了龙杆会以后，有足够的人力能一起将棺、尸抬到山上。

入殓。苗族等棺和尸都抬到山上之后才入殓。棺内先垫上单数的白皮纸或草纸、香纸，垫上亲友送来的寿单、蚕毯、枕头布料，孝子的寿单垫在最上面一层，垫的东西的件数必须是单数。要检查棺内是否有金属类的物品，假如逝者镶了金属牙齿，又是女性，入殓时必须邀请舅家人查验，没有其他意见方可盖棺。

安葬。安葬之前道师会算出逝者应该埋在哪一个位置，首先去把那个地方的杂草清理干净、整理平整。开挖之前要先焚香烧纸敬拜地神，由孝子先挖第一块土皮（留着后面盖坟顶），其他帮忙的人才开始按照道师圈好的地方挖，挖好后大家抬起棺材放进坑中。道师一边用马刀敲击棺木，一边念念有词，最后一个孝子跪在棺木上，左右各挖三锄泥土盖上，其他人帮忙把坟垒起来。苗族还会将煮好的半米半谷和一双草鞋一同埋在棺木旁边，寓意为亡灵有谷米之仓。

拜灵。当地又称“做四晚”，即是在安葬逝者后的第 4 天，孝子要到河边或沟边捞鱼虾煮熟，晚上再带上水、酒、饭、肉、香、纸钱到坟边祭奠，召唤亡灵跟孝子回家，孝子把亡灵放在香火神龛供奉直到“送水”这一天才结束。

送水。送水指的是“喝诀别水、吃诀别饭”，这是在安葬后的第 27 天，孝子和家中亲友准备糯米饭、酒、肉、香、纸钱、打一罐井水，请道师来送水给亡灵喝。此时家族寨邻都会带着糯米饭、酒、肉、鸡、鸭等来祭供，请道师一一清点这些东西给亡灵享用，意味着吃过之后可以到东方和祖宗团聚。至此，逝者的阴魂不会再回来打扰活在世间的人。

走客。安葬后的第 29 天或第 31 天，逝者的家人要带领亡灵去走客——去亲戚家串门。家人要带着逝者生前的一件遗物跟随，并带糯米饭、酒、猪肉或鸡鸭肉到亲友家中共食一餐后返回。返回时亲友赠送带回的物品，算是给亡灵带的礼物。回到家中后，准备一只打鸣的公鸡祭奠并开始上香火供奉。

整个丧礼期间用的烧纸是到市场上购买的，只有房梁上挂红的才是石桥村抄的纸。石桥村的白皮纸会被当地人拿来放到寿方中给逝者垫身体，白皮纸的防腐性强一点，另一个原因就是有些寿方太大，必须要用纸塞紧，防止逝者的身体在寿方中滑动，还可以吸收一部分尸水。有的人家并不完全使用白皮纸，还会用白皮纸裹着炭来将寿方塞紧。过去有的家庭用湖南人卖的灯草，改革开放后，全部改用白皮纸。白皮纸一刀有 50 张，一捆有 500 张，小一点的寿方用几刀纸即可，大的也只用几捆。除了放在寿方里外，石桥村的白皮纸还会被用来做坟飘或者偶尔被道师用来写经文。

四、其他礼仪

（一）姑妈回娘家

在石桥村大簸箕苗寨有一种特别的习俗——姑妈回娘家。姑妈指这个苗寨里所有已经出嫁的姑娘，回到娘家都会被称为姑妈，其配偶被称为姑爷。相对而言，姑妈回娘家称自己的兄弟为舅舅，称其配偶为舅妈。姑妈回来后，寨子里面的每一家就开始请姑妈去吃饭，在一家吃完接着又被请到下一家继续，而且每到一家，舅妈或者外婆都会拿出家中最好的酒来招待，姑妈一定要尝尝家里的酒。吃饭结束后，舅妈或者外婆会拿着 1 匹自染的布料（约 0.4 米）和 2 条带子赠予姑妈，姑妈欣然接受后说些感谢的话，紧接着向下一个舅妈家走去。不过会出现家中舅妈太多姑妈来不及走到每一家的情况，那么，未曾到过那家的舅妈会拿着酒和菜到姑妈在的那个舅妈家里一起吃饭。这时候，舅妈要拿着自己带来的酒给姑妈、陪着姑妈吃饭的其他舅妈斟酒。有时候舅妈们还会唱苗歌助兴，欢迎姑妈回家，姑妈跟舅妈或者外婆们聊家常、诉说思念，场面十分和谐热闹。这就是当地所说的姑妈回娘家要吃的“转转饭”。

大簸箕苗寨在2019年农历正月初五举办过一次集体的“姑妈回娘家”活动，正因他们有姑妈回娘家吃转转饭的传统，才使这次活动声势浩大。在这次活动中，姑妈家那边主要由石桥村打工青年组成的苗疆协会负责组织，负责人是大簸箕苗寨的王L，舅舅家这边的组织者主要是王T和王XZ。2018年12月5日，他们通过微信和海报宣传等方式发出了“大簸箕苗寨姑妈回娘家”的活动倡议书，筹集活动经费。筹集方式和标准如下：本寨在家的按每户200元筹资，经济能力强的按300元筹资，在外务工的按500元筹资。活动目的主要是让兄弟姐妹们更加团结，互相帮助、扶持，也让出嫁的姑妈们感受家乡的温暖。此外，这次姑妈集体回家也是姊妹们相互见面的好机会，以前姑妈要么是一个人自己回来，要么是约上几个回来，很少有这么多儿时的玩伴相聚在一起，姑妈们非常积极地参与此次活动。在正月初四那一天，舅家就开始准备杀猪、宰牛、宰羊，鸡鸭鱼肉和其他小菜也都准备得十分丰盛。他们在大簸箕苗寨的广场上布置姑妈们聚集的地点，广场挂着一幅大簸箕苗寨全景图，上面温馨地写着“大簸箕苗寨迎接全寨姑妈回家拜年”，一切都准备好了，等待第二天姑妈们的归来。初五，全寨的姑妈们穿戴着一样的苗族服装早早地就聚集到石桥村大岩脚造纸地址前面的空地，整理好带来的礼品，有猪、鸡、鱼、插满棒棒糖的糯米饭、酒、饮料、水果、蒸锅等，全部用竹竿挑起。姑妈们排成两队慢慢向自己的寨子走去，走在队伍最前面的几个姑妈抬着她们用10个小簸箕制成的牌匾，上面用毛笔写着“大簸箕苗寨姐妹回娘家”，在牌匾的最上面搭着一段中间扎成一朵花的红绸缎，下面还吊着5个大红灯笼。姑爷也不缺席，他们肩上挑着礼品，排列整齐地走在队伍的最后面。

寨子里的舅妈们也没闲着，早早就来到寨子的路口迎接姑妈姑爷们，路口挂着一副对联：亲情米酒迎女儿，欢天喜地度佳节。横批：常回家看看。还有两张圆桌，上面摆满了酒。每一对姑妈姑爷必须要喝拦门酒才能进门，这是苗族欢迎远方客人的习俗，在这个特殊的日子里当然也不可缺少。姑妈姑爷们抬着礼物进寨子以后，在寨子里走一圈，回到广场放下东西后，开始吃饭畅谈，欣赏舅家准备的文艺节目。芦笙响起，众人开始跳舞，有人提议跳簸箕舞，姑妈们直接就把牌匾上的簸箕拆下拿在手中跳起来，舞姿优雅动人，大家都赞不绝口。天下没有不散的宴席，深夜来临大家就回去休息。舅家也给姑妈们准备了精美的纪念品——雕刻着“2019 年姑妈回娘家”字样的纯银戒指，以作留念。

在笔者调研期间，大簸箕苗寨有一位姑妈回到寨中。我们晚上才到大簸箕苗寨，到的时候姑妈告诉我们她已经吃了一天的饭，从最上面的舅家一直吃着下来的，每到一家吃饭结束就会收到主人家送的两条系裙子或者围腰的带子和一块约有 0.4 米长的自染布料，姑妈拿着爱不释手。我们跟着她到下一家吃饭时，桌旁已经坐了很多外婆和舅妈，这在当地是有讲究的，姑妈由舅妈和外婆作陪，姑爷由舅舅和外公作陪，作陪的人不能坐错位置。开始吃饭前，由 1 个外婆和 1 个舅妈领头，唱了一小段欢迎我们到来的苗语山歌，虽然听不懂歌词，那种氛围却让人感受到他们的热情和迎接远方客人的喜悦。

第三节　节日、社交

一、节日

石桥村几乎每个月都有节日，苗族与汉族的很多节日的时间都是相同的，只是在过节的细节上有略微差别。例如七月，汉族过鬼节，而苗族在这个时候也过吃新节，会举办各种民俗活动，例如苗族的跳鼓和斗牛，也有篮球赛等活动。当地人说到此节日都是兴奋不已，大家都非常期待这一天，会放下所有的农活去过节。当地的春节是苗族、汉族一起过的，石桥村除夕夜 12 点的时候举行的开财门活动十分有特色，也深受当地村民的喜爱。此外，当地还有开工仪式、过上九、元宵节、祭桥节、清明节、四月八、端午节、六月六、中秋节、重阳节等，下面将一一介绍。

（一）春节

春节是当地比较热闹且有特色的节日之一。过年的时候每家都要杀 1 头 150 斤以上的猪。过年猪大多数都是自己家中喂养的，他们觉得自己家中用红薯藤和玉米喂养出来的猪肉好吃且卫生，家中没有养猪的也可到集市或亲戚家购买。杀猪的时间选择也有讲究，一般是在农历腊月的单数日子杀，如十九、二十三、二十五、二十七、二十九等，双数的日子和猪场天不杀猪。

打糍粑是必不可少的。过去打好糍粑后要捏 3 个鸡蛋形状的白糍粑放在神龛上，糍粑的下面要垫一张纸钱，这些糍粑要一直放到正月十五以后才可以拿来吃。如果糍粑发黑霉较多的话，则来年下雨会很多；发红霉较多，则雨天比往年多一些；发黄霉较多，则霜冻天气占多数。通过糍粑发霉的颜色来判断来年的气候，或是洪涝、或是干旱、或是霜冻，以提前做好预防。此外，糍粑也要用来祭祀，用碗装好，在堂屋门口、灶台上都要各放一个。

关于除夕夜供奉祖先的习俗，苗族和汉族是不同的。苗族在除夕的早上就放炮仗，还没到晚上就开始吃饭。供奉祖先也特别简单，只需一碗菜、一杯酒即可。汉族则较为复杂，供奉祖先要分 3 次，第一次是把洗净的、完整的生猪头用盆装好放在神龛下的桌子上，然后杀鸡，烧纸，切几块“刀头”，桌上、桌下各摆一个，堂屋门口摆一个，猪圈、牛圈、灶台旁边都要放一个，没有杀猪的家庭可以到集市上购买或者直接不用。杀鸡的时候如果家中有婴儿，则需要把鸡拿到床的面前敬床妈，因为人们认为有一个床妈在那里照顾婴儿，婴儿才得以健康成长。第二次敬供时，先将整只鸡煮熟后放到桌子上，摆上 8 个碗（碗的个数视不同家庭祖先人数而定），再倒酒即可。第三次敬供时，需将煮过一次的鸡切好、煮好并装一碟，年夜饭的所有菜都要各盛一碟放置在桌子上，再次倒酒即可。完成 3 次供奉后，拿回这些菜即可开饭。

正月初一的凌晨有一项十分重要的活动——“开财门”，开财门迎接财神和招财童子，实际上就是迎接小男孩进家。到家里的小男孩越多越好，寓意着人财两旺。这一天的晚上 12 点，每家都会准备好零钱发给来家里拜年的小男孩，这些小男孩基本都是 18 岁以下，年龄太大的不好意思参与此活动，而是在家中担负起给来拜年的小孩发压岁钱的差事，具体给多少钱视家庭经济情况而定，有给 5 元的，也有给 40 元或 50 元的。

孩子们拿到压岁钱就会十分高兴地说他家有钱，象征着来年这家人会越来越有钱。这也是一种讨口碑的体现，即有舍有得，当地人认为在这个晚上发出去的钱越多，来年家中将会获得更多，所以，在当地无论是大人还是小孩都非常重视开财门。

12 点准时放鞭炮和烟花，有的人家会买四五个烟花，初一早上街上一片红色，铺满了厚厚的鞭炮纸。这一晚上小男孩们是最兴奋的，听见鞭炮声一响就赶紧跑到别人家去拿压岁钱，他们会说："我来你家拜年，拜年不要粑粑要要钱。"以前说的是："左边拜一拜，粑粑满口袋；右边磕一磕，粑粑米来戳。"说明以前到别人家拜年得到的回礼是糍粑，现在只要钱，不过有的男孩子也会在拜年的时候拿糖果。只要家中准备放鞭炮，就会安排一个男性拿着红包在门口等待开财门的人到来，来的人过多的话则要排队。小男孩们拿了一家的红包又跑到下一家，差不多走遍了以后便回到家中清点自己的收入，多则有 1000 元左右，少则也是几百元。

石桥村纸街的王 MW 说到开财门时激动不已，手舞足蹈地给我们介绍："初一到十五每天都要在家里面烧纸，每天都要香火不断，表示连绵不断的。那几天就是财神爷到处走嘛，大家都迎接财神爷。朋友们提一大包东西来也是财神爷。初一到初五都不能上山，不能到菜园子里面去摘菜，就连采佐料这些都不被允许。老人们说，去的话家里会遭遇诸多不顺，甚至整个村子都会风不调、雨不顺。"

"现在我们讲拜年就是我去你家、你来我家。我看整个丹寨也只有我们这个村除夕晚上开门迎接财神……来要红包的那些小孩子大多数是 15 岁以下，大了他也不好意思去，感觉就不太合适嘛，好像他也不属于童子了，晓得害羞了……开门的时候，我们左手开门接财、右手接丁，就是接人丁嘛，多子多孙的意思，那些小童子进来就是预示着吉利的新开始嘛，有种美好的寓意在里面。过去我们穷，去（拜年）都没得钱，就是两三颗糖、一些饼干，一晚上回来也得到一二十斤葵花籽、花生、糯米粑，还有些鸡腿。有童子来到我们家也是一样的送给他们。这几年像我家小娃娃，去年他跑一晚上也得两三百元。发红包也是要看人家的情况，有些人家他心有余而力不足，一个人发几块，几十个人就发几十块。有的条件好点的人家想图个吉利，就多给一些。就是我们讲的舍得嘛，舍多得多，舍少得少，放几千以后得几十万嘛！我相信确实会有回报的，我是在外面做工程的，在今年很多地方没有工程做的情况下，我们都还有做的。哈哈哈……也可能是一种巧合，也可能是我们有舍有得哈！”[①]

（二）开工仪式

在正月初二这一天，当地汉族人基本上是在早上先进行开工仪式，结束后才开始走亲访友。而苗族开工仪式的日子虽然也是在正月，但选定开工日子是根据家中男主人的属相，例如男主人属兔，如果初四是兔场，那么就是开工日，目的是希望来年顺顺利利。开工仪式是在选定的日子的早上，到自己家的耕地中举行一个小小的仪式即可。汉族是带着锄头、瓜和豆的种子、香、纸、1 对红烛到自己家耕种的地里种一点瓜和豆，点 3 炷香、2 根红烛、烧 3 张以上的纸钱就可以完成仪式，寓意来年可以大丰收。苗族是带着锄头、采好的芭茅草、香、纸、1 对红烛，将两三棵芭茅草捆成一捆插在地里，用锄头挖三锄，寓意为：一锄挖金，二锄挖银，三锄发大财。点蜡烛、烧香烧纸结束后便可回家，随后召集家族兄弟或者亲友到家中共饮。

（三）过上九

正月初九，当地人称之为“上九”，这一天要在家中供菩萨（即祖先），神

① 2019 年 8 月 1 日于纸街访谈王 MW。

龛下面的桌子上和堂屋门口要放置猪肉刀头并烧香烧纸。不仅要敬奉祖先还要敬灶神菩萨，灶神会保佑做出来的饭菜十分可口，还保佑家中不会发生火灾。在敬奉的时候装 1 碗饭和 1 碗菜、点 3 炷香、烧点纸就可以了。

还有初九到十五的耍龙节。龙的制作极其复杂，石桥村耍的龙主要由王太佣、王玉佣两位扎龙师傅负责，龙是用 20 ～ 30 个小猪箩相连而成的，外表用白布团团糊住，里面放的是用菜油浸透的纸条，然后夹进猪崽箩里面，作为清油灯。龙的全身大约有 40 米，再在 60 米长的红布上画好龙的形象盖在小猪箩上，龙身就做成了。最关键的是龙头，龙头制作十分精细，讲求美观、精致、栩栩如生，龙胡是龙头的关键部分，用麻做成，根据龙的特征和现实条件制作。凯里等各个地方的人每逢耍龙节都要邀请王太佣和王玉佣去指导制作。

石桥村的耍龙队由 9 个活泼矫健的男性组成，耍龙都是在夜间，第一个夜晚出龙，必须是在本寨。初九那一天，天刚刚黑，家家户户都在准备迎龙，街道两旁挤满了老老少少，欢呼声、锣鼓声响彻云霄，人们都迫不及待地想要看到龙的到来。一颗红彤彤的宝珠将龙引入寨，同时响起震耳欲聋的爆竹声。当把龙引进家时，人们都准备爆竹接龙，尤其要准备剪刀在大门口剪龙胡子，因为人们相信用龙的胡子捆在小孩的手上，小孩能长命富贵、平安无灾。第二天，耍龙队需要补龙胡，如受到外村的邀请，天未黑之前就必须到外村去，到外村结束表演后，不管是傍晚还是午夜鸡鸣，都要把龙带回家。大年初九至十五，石桥村耍龙队都受到凯里、南皋、九门、摆泷等地的邀请，耍龙节的时间是很讲究的，根据地方习惯，初九必须出龙，初十六必须将龙烧掉。[①]

（四）元宵节

元宵节又称为“过十五”，是新年的尾声，正如老人以前讲的：“过了十五又十六，又有酒来又有肉。”过了元宵节，就可以开始劳作了。

① 出自王明义所写的村志。

（五）祭桥节

石桥村的祭桥节是在农历二月的第一个猪场天或兔场天。当哪一家小孩身体不舒服，精神不好，去医院也查不出问题时，便在这一天用 2 ～ 3 根粗木头去到交通不便、没有人走的地方搭座桥，使过路的人走起来方便、舒服，或者去祭拜附近的水井或石头。每一年的这一天上午，人们要提前准备糯米饭、腊肉、红蛋、鱼，也可以带一些水果，还用红、绿、黄、白等颜色的纸混合裹在竹竿上，在天刚拂晓时赶到自家早已做成的桥边摆好花饭、腊肉、花蛋、鱼，等候那天最早的“引人”一起饮酒，“引人”祝愿保佑小孩平安成长、长命富贵、健康长寿等。去祭拜的人要说：“某某老人家我来看你，你要保佑我身体健康。”在那里吃点糯米饭，喝一杯酒，再吃上几块腊肉就可以离开了，此仪式就算完成。[①]

（六）清明节

清明节时，石桥村的人都会去挂青。该村的墓地基本都在平洋，所以去的时候人很多，每家都会扛着竹竿，一边放炮仗一边走。挂青纸是当地制造的白纸，将纸用纸槽打成一定的形状，在清明这一天拿到坟地去，并用一根竹竿挂在坟头。当地人也有很强的防火意识，烧香、烧纸时大家都很注意，祭拜完以后会把墓地周围清理干净以免引起火灾。

（七）四月八

农历四月初八，家家户户都要吃花色糯米饭。糯米饭的颜色一般来源于山上的植物，比如要做黄色的糯米饭，先把用来染饭的花采回来泡水，再将洗好的糯米放入黄色的水中浸泡两三个小时，上色后即可蒸煮。用同样的方法做出一些红色、黑色的糯米饭，再把不同颜色的糯米饭搅拌在一起，就成了花色糯米饭。

---

① 出自王明义所写的村志。

（八）端午节

石桥村同其他地方一样也过端午节，但他们有大端午和小端午之分，小端午比大端午更加隆重。小端午指的是农历五月初五，这一天早上，人们会包粽粑，大致分为肉粑、豆粑、灰粑、白粑、手杆粑、三角粑几种，煮熟后要把粽粑放在神龛下面的大桌上供奉祖先。到了下午，老老少少手里拿着镰刀到天生石桥上面割药。一位老人说："每年端午节我们都要去那里去割药，药效特别好。但割药时必须样样都要，不能单独要一种，拿回家煮水来洗脚、洗澡，就可以治疗疾病，只能在每年的这个时候去割，其他时间割来的没有这样的药效。"所以在农历五月份，有其他地方的人带着晌午饭或者乘车到这里来割药，都说效果很好[①]。大端午指的是农历五月十五，过大端午不用供奉祖先。这一天主要是包黄粑，黄粑主要由白糖、糯米、黄豆等制成，蒸的时间一般要一天以上，白色的黄粑就会慢慢变成黄色，口感更佳。

（九）六月六

农历六月初六，人们去敬拜土地菩萨，石桥村的土地菩萨位于大岩脚与大簸箕苗寨的分岔路口。大家集资购买活动需要的物品，一般一家出十几元即可。一般要买高大、鸡冠红正且有四五斤的公鸡，再买点其他小菜和香纸。男男女女都可以去上香、磕头，祈求神保佑自己及家人平安无事、身体健康、工作顺利。如若去祭拜后家中事事顺利，那么第二年仍然会去祭拜。仪式结束后，大家会拿着鸡和其他菜去大岩脚旁边那户人家里坐着吃，因为他家离得近一些。除了祭拜土地菩萨，大簸箕苗寨和石桥村有几户人家去祭拜村子对面的庙。他们年年都会带 1 头猪和几只鸡去，拜完就在天生桥桥下吃。传说这一天是龙王晒龙袍的日子，这天不能下雨，如果下雨打湿龙袍就会干旱 40 天。

---

① 出自王明义所写的村志。

（十）七月半

七月半是在每年的农历七月十三至七月十五，人们会举办特别隆重的民俗活动。苗族又将其称之为“吃新节”。家家户户都会吃自家养的稻花鱼（放在稻田里养的鱼）和公鸡，还要取一些田里即将成熟的稻子和去年的稻米一同煮食。以前是直接吃今年的新稻米，现在稻子成熟得比以前晚，只能取一些未熟的稻子来表示一下，汉族没有这样的习惯。在节日期间，大部分在外打工的人都会返乡，节日结束后又回到打工的地方，可见当地人对该节日的重视，这也反映了当地人总说的“年小月半大”的俗语。节日期间主要举办斗牛、跳鼓、唱山歌等活动，当地人称之为“看会”，后面会进行详细描述。此外，当地人认为七月半也是鬼节，所有的祖先都会到家里来，要特别重视。在那天，人们要杀鸡敬祖先（称敬菩萨），先将 4 个酒碗、1 个饭碗、1 个肉碗、1 个菜碗、1 个小酒壶装酒摆放在神龛下的大桌上，烧香烧纸祭祖先的时候先喊祖先的名字然后再说：“倒酒给你们吃，摘肉给你们吃，放在那里给你们吃。”再说一些希望祖先保佑子孙平安、家中一切顺顺利利之类的话。七月半的时候，每一家都会杀鸡，有的几户人家一起杀一头猪。杀鸡的时候要将鸡血粘在写有天地君亲师的牌位上，这样就表示祖先吃到鸡了，祖先们开心，才会保佑家中一切顺利。

为单位出资，年轻人出 100 ～ 200 元，在家里干活的老人家一般最低出 50 元。另外，石桥村村主任也要负责筹措赞助资金。若村主任没有办法拿到赞助，会失民心，显得他没有能力。每年七月半的活动都如期举行，斗牛、跳鼓、篮球赛等活动几乎同时进行。今年 8 月 14 号，人们便开始准备灯光、音响等设备的安装和舞台搭建以及礼仪安排。8 月 15 号下午举行吃新节开幕仪式以及斗牛比赛，以前都是 8 月 14 号开始吃新活动，但人们认为今年苗历的 14 号这个日期不好，就往后推迟了一天。斗牛是当地男性最喜欢观看的节目，今年主要由李 JY 及其他青年筹备组成员负责斗牛比赛的筹备，组长负责与村支书王兴武对接。他们非常默契地配合，组建了一个七月半斗牛组委会的微信群并在其中商讨相关事宜。斗牛是所有活动中奖金设置最丰厚的，奖金的发放是按照牛的不同来划分的，分为一般性奖励和成绩奖励，一般性奖励分为：（1）碰牛 100 元；（2）扣倒 100 元；（3）顽强拼搏 100 元。成绩奖励具体情况如下：（1）A 组第一名 10000 元；B 组第一名 10000 元；C 组第一名 8000 元。（2）A 组第二名 7000 元；B 组第二名 7000 元；C 组第二名 5000 元。（3）A 组第三名 4000 元；B 组第三名 4000 元；C 组第三名 3000 元。

斗牛的地点在岩脚前面的那块田里，总面积约有 600 平方米，靠近大簸箕苗寨方向的 200 平方米为候场区，剩余紧挨大岩脚约 400 平方米的地方为赛场。这块田处于最低处，是一个天然的斗牛场地，观众可以坐在田周围的高地上观看，但是为了更加安全，8 月 14 号时，青年筹备组开始进行安全措施的布置并布置会场，场地的四周都是各赞助商送来预祝此次活动圆满成功的横幅，主持人及嘉宾的座位设置于大岩脚石壁下，嘉宾席和主席台被单独划分，一般都是赞助商或者缴纳 100 元费用的个人可以入座，其他观众就自带凳子寻找最佳观赏位置。第二天，活动正式开始。中午 12 点开始对报名的牛进行筛选，分为 A、B、C 三组，要求牛的品相要眼小、眼皮打皱、毛粗、牛角大、牛旋正且圆。A 组牛龄 8 岁及以上，胸围 2.15（含 2.15）米以上、角宽距 50 厘米以上；B 组牛龄 6 岁左右，胸围 2.10（含 2.10）米以上、角宽距 50 厘米以上；C 组牛龄 6 岁以下，胸围 2.05 米以下、角宽距 50 厘米以上。

此次共有 28 头牛参赛，顺序及队伍名称为：1 号老表斗牛军团；2 号青山牛协；3 号小点；4 号三挖；5 号南皋；6 号小营盘；7 号排佐；8 号公统；9 号长虹太阳能；10 号长虹太阳能；11 号清江战队；12 号清江；13 号情郎；14 号 999 政江；15 号清江苗寨；16 号马寨；17 号九门牛协；18 号小党金；19 号大圣；20 号小石头；21 号兴仁八达牛协；22 号杨武一号；23 号兴华；24 号情郎楠木之乡；25 号狂风暴雨；26 号石桥村农家；27 号罗家寨；28 号马寨。其中，协会组织性的队伍有 1 号、2 号、11 号、17 号、21 号。禁止母牛、打人牛、疯牛、病牛、杂交牛、角带尖锐物和药物的牛参赛，一经发现罚款处置。在比赛之前，禁止给参赛的牛拍照。

下午 3 点，比赛开始正式。第 1 轮比赛先随机抽签，后面每轮结束后获胜方再次抽签。每局比赛时间为 6 分钟，每轮 1 小时左右，最后决赛不限时间。每场比赛都由牛主的晚辈负责牵牛到比赛场上，长辈则坐在主席台位置观战。斗牛比赛的观众多为男性和游客，也有一些女性观众，但她们基本上都是聊天而没有太多地关注赛事。

跳鼓是此地苗族的特色活动，用的是铜鼓，跳鼓之前要先举行请鼓仪式。现在用的鼓是 2014 年用老龄委捐赠的资金去凯里买回来的，由老年协会保管。请鼓仪式一般由鼓头、鼓手或鼓师来主持，在桌子上或者簸箕中摆上花蛋、酒、1 只公鸡、自染的布、毛巾和用稻草包起来的糯米饭，烧香和纸钱，主持的人要穿上蓝色长衫，头戴斗笠，还要念祈求风调雨顺和丰收之类的祭祷词，说完抬起酒碗，把酒含在嘴里再喷向木鼓，再用木棒敲鼓数下，即为完成请鼓。大家就将鼓抬到河沙坝的中心位置，放置于架好的架子上。

河沙坝就在纸街街口对面风雨桥左侧下方的河水中，呈圆形，面积有 25 平方米左右，从前是自然形成的，后来被水淹没，村里请挖机来堆积成现在的模样。跳鼓的人踩着木板搭成的桥走到河沙坝上。跳鼓之际，年轻的苗族男女会穿着盛装来参加，不仅有石桥村的，还有附近村寨以及麻江县、雷山县等地方的人都会前来。鼓手一般由 1 名或 2 名男性来担任，这一次则有 3 个人（2 位老人、1 位年轻人）在踩鼓场中间撑起的大伞下面轮流击鼓，每人每天有 150 元的劳务费。

敲鼓的节奏是会随意变换的，这也非常考验跳鼓人的协调性和应变能力。一开始的鼓声是很缓慢的，先由本村寨的人带头先动起来，相当于热场，之后其他地方来的宾客才慢慢参与其中。参与跳鼓的分为不同的队伍，最少 4 人一队，每支队伍必须统一着装和发型。鼓声节奏也随着人们的节奏越来越丰富多变，大家也随之改变自己的节奏。参与跳鼓的队伍分成两列，顺着踩鼓场呈逆时针方向跟着鼓点节奏舞动，舞步在 4 的倍数节拍上做一些稍微抬高脚的动作，手上没有太大的动作，手或牵着同伴或拿伞或拿扇子。过去没有比赛，只是大家一起玩开心就好，现在不仅有比赛还有奖励，服装的整齐度、动作一致的程度和精神面貌都是评比标准。前三名的奖励分别为：第 1 名 1000 元，第 2 名 700 元，第 3 名 400 元，只要参加的队伍都有鼓励奖。跳鼓过程中，有的队伍会因为太热提前退出，有的队伍会中途赶来随着节奏跳起来，跳鼓没有时间的限制。踩鼓十分热闹、壮观，桥上有人拍摄，空中有航拍器拍摄，大家一直欢跳到黄昏时刻才逐渐散去。

（十一）中秋节

中秋节是在农历八月十五，家家户户都会做圆形的白色小发粑，等到晚上月亮很圆很明亮时拿到院子中供奉月亮，因此也称之为“月亮粑”。

（十二）重阳节

农历九月初九的重阳节也是必须要过的节日。这个节日的重要活动就是用当地的糯米来打粑粑，糯米最好用新的，没有也可以用以前的。当地俗语说：“重阳不打粑，老虎咬你妈。”可见重阳节打糍粑的重要性和重阳主要是孝敬老人的节日。苗族在这一天晚上是要敬菩萨的，在神龛下的大桌子上放 3 个碗，1 个碗盛酒、1 个碗盛饭、1 个碗盛肉，摆好后烧香烧纸，供奉结束后，家人即可吃晚饭。

在这些节日当中，石桥村白皮纸的身影也是随处可觅的，主要用于清明节时挂青。等到清明节那一天，家家户户都会把白皮纸用纸槽打出形状，然后用竹竿挂着插在祖先的坟头。这种纸的柔韧性优于其他纸，用它挂青不会太快被雨淋坏，挂的时间长一点。当然，过节用于祭祀烧的纸钱不是石桥村当地的纸，是在外面购买的，其原料是竹子，像贵州长顺县就有生产这种纸。

二、社交

（一）打伙气或者打姨妈

打伙气指两个志趣相投的男性互相认作兄弟，并且将对方的亲人视为自己的亲人来照顾的一种行为。在其他地方也称为“打老庚”。打伙气的首要前提是两个人谈得合心、志趣相投。决定认作兄弟以后互相到各自的家中拜访父母、敬供菩萨。不用选良辰吉日，只要双方约定好哪一天去，另一方及其父母在家里等着即可。去的一方要带 1 只会打鸣的公鸡、1 把香、1 小沓纸钱（两元左右，在专门的店购买）、1 对红蜡烛、1 壶酒、1 条烟。到另一方家中，由他的父母主持敬拜菩萨。首先由父母在堂屋神龛下的大方桌上点 3 炷香、烧纸钱、点 1 对红蜡烛放到神龛上，两人一起在大方桌前跪下磕 3 个头，起来各自割手指取一滴血滴在准备好的酒碗中，然后一人喝一口，喝罢开始在堂屋中互换衣服或者裤子、鞋子，只要两个人互相穿过对方的衣物即可。

这些仪式结束之后，父母会把带去的鸡杀来吃，吃好以后就可以回家了。从此以后，双方像亲兄弟一样相处，都以同样的称呼来称呼对方的亲人，如同亲兄弟一般，也代表着以后要互相帮忙照顾。在未成家之时，两人常常互相邀约一起玩耍，“逗姑娘”或串门之类的活动是最常见的，结婚以后则很少有时间相聚，只有在婚丧嫁娶、乔迁等重大事宜或过年过节才会聚到一起。他们的情义也不会随着时间的推移或者来往次数的减少而变淡。所以这种情义实属难得，一辈子就一个，很多人甚至都没有。女性之间叫“打姨妈”，打姨妈与打伙气是一样的，经过这些仪式就成为亲姐妹，发生任何事情都要互相照顾。

（二）爬坡节

爬坡节具体的开始时间已经没有人记得了，通常是在农历七月的第一个牛场天，以往是年轻男女对唱情歌，主要是用苗语来唱，类似于以前的赶糯米坡。在唱情歌的过程中寻找对象，如果觉得对方合适的话，约到赶集的时候又一起唱歌，唱着唱着就可以结婚成家了。现在的年轻人不再去这个地方唱歌，去的基本上都是中老年人。

现在的爬坡节基本上都是有人专门组织的，且是自愿组织，甲劳村村委会提供一部分资金，每家每户给 100 ～ 200 元，组织者再到外面拉点赞助，差不多能凑到 2 万元。

笔者在调研期间，见证了2019年8月2日甲劳村的一次爬坡节跳鼓比赛。跳鼓的时候有一个人专门在中间敲鼓，其余参赛队伍围绕中心形成圆圈开始跳。参赛队伍有大簸箕苗寨队、兴仁镇开心姊妹队、乌毕西寨队等。每队不少于8人，必须统一穿苗族服装，且8月1日、8月2日都要在这里排练，否则就不具备参赛资格。奖项设置为一等奖1200元、二等奖800元、三等奖600元、鼓励奖400元。没有拿到奖项的，主办方给予300元当作车费补贴。

爬坡节除了跳鼓，村民们说还有斗鸟、斗鸡等。由于调研时间受限，笔者只看到跳鼓、唱山歌和打篮球。山歌比赛在风雨桥上进行，看的人不是特别多，山歌虽然都是苗语来唱的，但大簸箕苗寨的苗族也听不懂他们的苗语。

第四节　主要传说和故事

一、传说故事：大寨篇

石桥村的传说和其他民俗事项体现在人们的日常生活中，为生活增添了神秘的色彩，解释一些人们不可知、不理解的事情。当它们被赋予恰当的现代内涵，便成为一个地方人们解释生活的观念。

（一）神秘的石桥凉水井

甲劳村在一个高山的最顶端，甲劳村的“爬坡节”有一个关于石桥村的口头故事“芭蕉神传”。据说石桥村过去有一口井叫凉水井，坐落于石桥村对面河坎（即现在石桥村蔡家庙往上50米）的芭蕉树下。过去这里栽有几棵芭蕉树，芭蕉树的生长速度很快，可以用来喂猪，但营养成分较低，村民们后来就不用芭蕉树来喂猪了。就这样，芭蕉树多年未砍，就由几棵长成了一片芭蕉林，十分茂盛。传说芭蕉树要经常砍，不能多留，不能沾血，如多年不砍或沾到血它就容易成精。后来有位老人到芭蕉林去摘花椒，不小心被花椒刺刺伤了手，鲜血直流，有血滴在了一棵芭蕉树上。后来，这棵芭蕉树慢慢地成了精，有时变成男子，有时变成女子，十分神奇。

“爬坡节”以前叫“爬坡”，现在叫“看会”，附近的村民都欢聚一堂，这是青年男女谈情说爱的大好机会，也是老老少少的快乐节日。甲劳村也不例外，到了农历七月十三马场天，老老少少、男男女女如潮水般涌向甲劳坡。石桥村凉水井的这棵芭蕉树也变成两个与众不同的男子去“爬坡”，这两个模样帅气的男子在拥挤的人群里十分抢眼，整个会场的人都用十分惊讶的眼神关注着他们。他们在会场上与两位苗族姑娘唱情歌，用歌声和美貌引起人们的关注，打动着所有人的心，已近黄昏，整个会场的男女老少都还在这里围观。这时有些老人说道：“这两个男子这么漂亮，究竟是仙人还是凡人？”天色已晚，两个苗族姑娘问他们：“你们家住何处？姓什么？”其实是表达希望能有第二次相会，但他们十分保密，始终没有说出他们的住处。会场人已散尽，只有部分老人和青年还在围观，又有老人反复询问两个年轻男子，因为两个男子的长相引起他们的疑心，都在议论这两个男子究竟是仙人还是凡人。在这一带地方未见过像这样漂亮的男子。他们不辞而别，回到了石桥村凉水井。

后来，这棵芭蕉树又变成了两个美女到翻仰去“看会”，她们的美又吸引了整个会场的人们，个个赞不绝口，人人向她们高歌求情，团团围住。有老人说道：“这两个姑娘从何处来？长相如此之好，如同仙女一样。”有些人又说：“这恐怕是仙人罢！”会场上不少人问她们：“你们是哪里的姑娘？姓什么？你们家的老人叫什么？”她们总是吞吞吐吐的，始终不愿说明身份。这时有两个男子邀约她们晚上在会场相会，这天夜间相陪到五更鸡打鸣。天未拂晓时，她们与两位男子依依不舍地分手，又回到了石桥村凉水井。

到了第三次爬坡节，这棵芭蕉树又变成了两个美貌如仙的男子，到晴朗坡去过爬坡节，他们白天在会场唱歌，晚上到新华寨去串寨约姑娘。在会场上，他们又一次用惊艳的样貌、动听的歌声，让会场陷入一片宁静，人们都沉浸在他们的歌声里，活动快要结束时，大家又开始疑惑他们的身份，纷纷询问他们家住何处。他们害怕透露身份，始终保持沉默，在人们三番五次的追问下，他们终于透露了真实身份，说道："家住石桥村凉水井。"有老人说："石桥村距离我们这里很近，从来没有听过凉水井这个地名，也没见过这样漂亮的男子。"因此，大家更加怀疑他们的身份了。有两个姑娘想了一个穿针引线的妙计。夜间，当她们到达晴朗岭岗时，两个男子已在这里等候，两个姑娘与他们很是谈得来，趁他们不注意，就将带线的针偷偷别在他们的衣兜上，想试探他们是仙人还是凡人。五更鸡打鸣，她们就各自回到了家中。

第二天天刚亮，这两位苗族姑娘便托人到石桥村拜访。受托的人来到石桥村向一些老人打听，石桥村老人说："我们石桥村只有冷水沟，没有凉水井。"之后，他们跟老人们说明了情况，这时老人们告诉他们："石桥村只有一口井，在对面河坎边，每年六七月的时候，街上的老老少少都背着胶桶、壶等到这口井挑水喝，这口井的水十分凉爽，不知道是不是。"他们随着老人的指点来到凉水井处，寻觅四周，发现有带线的针在一片芭蕉叶上随风摆动。他们回到家后，把所见告诉那两个姑娘，姑娘大吃一惊，这才真相大白，那两个美貌不凡的男子不是凡人而是仙人。

凉水井下方河坎边有一颗石头，露出水面约 1 米高，洪水滔天、积沙累石的自然力都不会填埋这块石头，直到河道改造才将它填盖。现今，甲劳村的"爬坡节"让附近的村民们都来到这里，老年人唱歌、妇女们踩铜鼓、年轻人打篮球，不再像以前那样更多的是男女相会的地方。现在，一个年轻女孩子想要找对象，就会穿着盛装，表示自己单身，想要在这次会上找到心仪的对象，这是对男孩子们的示意。

（二）石桥两条龙

在很久很久以前，有两位白发苍苍、红光满面的老庚，一个叫告丢，一个叫告落。他们分别住在南皋河发源地，一个住在东部，一个住南部，两地相望，隔着悬崖峭壁和树林茂密的深山。他们童年时是非常好的玩伴，吃住形影不离，后来两人都有一个儿子，已经长大成人。有一天，祸从天而降，这两个老庚虽不是同年同月同日生但却同年同月同日死了，告落的儿子去通知告丢的儿子，刚走到半路，恰好遇到告丢的儿子，告落的儿子问："你去哪里？我父亲今天去世了，我是来通知你的。"告丢的儿子也说道："今天我的父亲也去世了，我也是来通知你的。"两个人大哭一场后，认为他们的父亲是好友，应该让两个老人的埋葬地不要相隔太远。两人回到各自的家中安排丧事，让坟墓隔山相望，寓意让两个老人如同在阳间那样可以相见。葬后不久，因阴地催身，两个老庚身上都发生了变化，全身起了鳞甲。后来告落告诉告丢："这里都是高山峻岭，一出门都是高坡陡岭，我俩相见不便，不如去与雷公商量，下河去考龙王吧。"告丢同意告落的建议，他们去找雷公商量，说明他们的来意，雷公也同意了他们的请求，并说："现在每条河都有龙王，如果你们要去考龙王，只有斗城河这条河没有龙王，你们去考这条河的龙王吧，考的时候有三个条件：不能做对不起百姓的事，不能损坏百姓农田，不能蹦坡蹦岭。要利于百姓，要为百姓造福，谁先到谁就是这条河的龙王。"他俩得到雷公的同意后，赶回家商议，并预约赶考的时间，约定在竹苗河与方山河的岔路口相见。告丢提前赶往斗城河，率先来到了约定的地点。突然间，天空乌云密布、雷电交加，雷声惊天动地，下起了倾盆大雨，顿时，清清的溪水变成了波涛滚滚的河水，而告落是时间到了才动身下水来到预约地点。雷公到后，环顾四周，山坡坍塌，百姓农田受灾严重，便询问事情的真相。原来，告丢来到石桥村大岩脚时，看到水顺着岩脚流，告丢也顺水而下来到岩垴，在这里擦痒片刻后，又起身顺水而下。当告落追到大岩脚时，他把一堵完整的石崖打通，水随着他直泻而下，来到岩垴，这时告丢还在半月岩，告落把岩垴打断，月半岩当时变成一团干沙，告丢急忙从大田初岩脚直冲到对面，当它到对面时，才知道告落已经抢先去了。告落为百姓开创了很多农田，他顺利地通过关门岩，直达东海，当上了龙王。而告丢坏事做尽，做了许多对百姓不利的事，当他来到关门岩，一堵高大的石壁挡住了他的去路，这时雷电交加，把告丢控制在关门岩，告丢无奈，只好到穿洞去躲藏直至深夜，等到风平浪静才从穿洞出来，当他出来到关门岩时，石壁仍然堵住，只有绕道而行，最后从关门岩左侧一堵高大的石壁下出来，告丢到龙王洞时，又是电闪雷鸣，他无处藏身，这是雷公的惩罚，龙王洞成了告丢的葬身之地。故事中的情境在石桥村有所对应，每一个传说都在一定程度上体现了这个地方的状态、人们的生活形态，这与当地人的诉求是分不开的。

（三）赛马石

按照传统，看会的时候需要赛马。在大岩脚斗牛场有一块石头，赛马时必须经过那个地方，马拥挤的时候就容易互相绊倒，发生事故。有一个人就去把这个石块给打碎了，发现里面有一对泥鳅。以前石桥村这个地方的人特别聪明，有许多采摘药材、伐木造纸的人，自从那对泥鳅出现以后，这里就开始衰败了，甚至还出现了一些哑巴、傻子。

（四）神奇的百年古枫树

石桥村有两棵百年古树还没有被砍掉，它们属于枫香树种。从前，石桥村有棵参天大树，这棵大树的枝丫能把整个石桥村遮住，并伸入河中心。据说有一天夜里，都匀发生火灾，它到都匀去扑火，说起来也神奇，它怎么会到都匀灭火呢？因为都匀未发生火灾前，它的树枝长得十分茂盛，完整无缺，可在都匀大火的第二天早上，这棵树被烧得焦黄，人们就认为他去都匀救火了。后来，石桥村也发生火灾，但它原位不动，村民这才将它砍掉。

传说百年古枫树的树精会出来迷人。在石桥村，树精就会经常出来迷人。比如说，睡觉还没有睡着时，好像有刮风时呜呜呜的声音过来一下子压住你，你动也动不了，村里面的人经常这样被迷。后来由于那树太高太大了，有些大枝丫干枯了掉下来会砸到人家的房子上，人们就把它砍了，之后就没有人被迷了。

二、传说故事：大簸箕苗寨篇

（一）鸭子

大簸箕苗寨不养鸭子是有原因的，传说在桥洞那里有一个洞，洞里有水，水质很好，鱼也很多，大簸箕苗寨有一个村民经常去里面摸鱼，村民见里面有一条很大的娃娃鱼，他游进去也不伤害它，自己摸自己的鱼，和这条娃娃鱼相安无事地相处着。有一天，这个村民又去摸鱼，可是他却起了坏心，就带来了一把很长很长的钢叉去摸这条娃娃鱼，想把这条娃娃鱼杀了，谁知道这鱼尾巴一摆、一翻身，就把这个人弄进水里淹死了，村民们知道后就召集人来杀娃娃鱼，可是没有什么办法。后来，人们想到鸭粪是有毒的，就拿鸭粪把这里给围起来，想把娃娃鱼给逼出来，可是也不知道怎么的，还是让这个鱼给跑了。从此，大簸箕苗寨就再也不养鸭子了。

（二）像鸭石

传说大簸箕苗寨正对面的高山上有一个长得像鸭子的大石块，人们都说如果有哪户人家发生火灾都会被这块“像鸭石”用嘴给扑灭。大簸箕苗寨没有发生过较大的火灾，主要是人们在用火的时候很注意，灶台等都布局得比较恰当。苗家人认为哪里有火，鸭子就会把身上打湿，飞到起火的地方把水抖下去淋灭火。还有的说法是，每次有人家的火塘烧起来的时候，家里养的鸭子见状就把身体打湿扑到火塘把火灭了。这些故事都是对像鸭石的延伸。其实，由于大簸箕苗寨是木质结构的房屋，每个人对于火塘木材的使用都是比较小心的，没有发生过大火灾，但关于像鸭石的传说体现了人们对火灾的警惕性，也提醒后人要重视用火的安全。

关于石桥村的传说有着许多版本，两条龙的故事很好地诠释了当地奇特的地形地貌，苗族祖先来这里开垦的故事体现苗族人民不畏艰难困苦、敢于拼搏的精神。不管是哪一种传说，都体现着石桥村百姓对石桥村浓厚的感情。

第五章　乡村秩序与村寨治理

第一节　家族谱系与家教家风传承

习近平总书记在会见第一届全国文明家庭代表时强调，中华民族传统家庭美德铭记在中国人的心灵中，融入中国人的血脉中，是支撑中华民族生生不息、薪火相传的重要精神力量，是家庭文明建设的宝贵精神财富。在中华传统文化中，家训家规集中体现了一个家庭甚至一个家族的行为规范和道德准则。今天，传承和弘扬中华民族传统家庭美德，可以合理吸收中华传统家训家规的精华，推动其创造性转化、创新性发展，为形成新时代的良好家教和家风提供丰厚滋养。

梳理石桥村几个自然寨的谱系，厘清石桥村的本地家族发展历史、外来人员流动的变迁过程及形成与维护家族关系的家风家教等方面的内容，了解石桥村人口关系的交叠与疏离，展现现在石桥村人际关系的聚合与区隔，把握乡村振兴背景下村寨治理中人际关系的变化与发展，这将有助于石桥村的发展。

一、石桥村主要自然寨及片区族谱谱系梳理与家规家训传承

石桥村姓氏以王姓为主，其中，大簸箕苗寨全部姓王，外来姓氏多居住于石桥村街上的湾滩上。如蔡家、杨家、梅家、张家等，均称自己的祖籍是江西，后世居贵州。

（一）石桥村纸街王氏苗族族谱——以后街居民王 WH 族谱为例

1. 王 WH 家族族谱谱系梳理

王 WH 的家族为苗族，历代居住在纸街的后街上。至 2019 年，世居于此的王氏家族已达 31 代人。到了第 20 代，大簸箕苗寨的苗族祖先（哥哥）、石桥村的苗族祖先（弟弟）开始分家，各占一方繁衍生息。

王 MW：“我们家族来得相当早，我们到这里的时候，这边还是原始森林。从东部往西迁徙，过河的时候有些角角鱼，也叫金刚丝，全部都钻到裤脚里，装得满满的。这里资源丰富，但却没有人住，后面才来了人在这里慢慢繁衍后代。我们（石桥村大寨）跟对面那个寨子（大簸箕苗寨）是祖先两兄弟分家后逐渐繁衍而成的。哥哥就住在上面，弟弟就在这个寨子慢慢繁衍下来，都姓王。大簸箕苗寨全部姓王，我们在这里慢慢发展，大杂居小杂居，有一些外姓是逃生过来的，又逐渐繁衍，就形成了很多姓氏的局面。上面的叫 mang you（哥哥之名），我们叫 luo you（弟弟之名）。”

王家 31 代苗族族谱：

① 额格

② 上放

③ 超上

④ 丢超

⑤ 扭丢

⑥ 揪扭

⑦ 洞揪

⑧ 翁洞

⑨ 熊翁

⑩ 尼熊

⑪ 熬依

⑫ 西熬

⑬ 楼西

⑭ 秀楼

⑮ 丢秀

⑯ 杂丢

⑰ 尼杂

⑱ 羌尼

⑲ 六羌

⑳ 盲又

㉑ 羌盲

㉒ 揪仓

㉓ 丢揪

㉔ 落丢

㉕ 翁落

㉖ 尼翁

㉗ 落尼

㉘ 扭落

㉙ 尼扭

㉚ 武尼

㉛ 羊武尼（王 MW 的儿子，在上小学）、塘武尼（王 MW 哥哥的儿子，排行最小，3 岁左右）

王氏族谱可以体现出苗族的父子联名制，如王 MW 的爷爷叫扭，其父叫尼，其父苗名为尼扭。而王 MW 的名字叫武，他的苗名则称为武尼。

2. 王 WH 的家族家规家训传承

85 岁的王 WH 老人说，旧时家里是中农，粮食够吃。父亲有三个弟兄，十多个人都居住在一起，没有分居。口传的家训大致内容是“以和平方式处事，不要与人家纷争，要与邻为友”。

（二）大簸箕苗寨王氏苗族族谱梳理——以大簸箕苗寨字辈族谱为例

大簸箕苗寨是石桥村较大的自然寨之一，寨内均为王姓，大簸箕苗寨不接受外来杂姓加入，根据当地人的说法，若有杂姓男子和大簸箕苗寨女子通婚并定居会引发灾难、女性不生育等。据说，大簸箕苗寨有两支王姓脉络，上数20代与石桥村大寨片区的王姓苗族为同宗，自20代以后，苗族王氏在大簸箕苗寨定居并开枝散叶。20代后，大簸箕苗寨有20个字的字辈，即“朝得为明启，成仁后必昌，因豪吴自卫，国泰喜荣光”发展至今，现在为仁字辈。

（三）荒寨苗族、汉族族谱梳理

荒寨位于现风雨桥桥头斜对面、村委会正对面，作为石桥村大寨片区旁边的自然寨，其居民到石桥村的年资较早，但后来户数逐渐减少，至今居住的20余户以外来的非王姓的住户居多。按当地人说，荒寨有三大姓，即杨、刘、王，这三个姓氏是最先来这里的老户，他们是从江西武冈区东路大鱼塘过来的。笔者现以荒寨龙DP家族苗族族谱、汉族刘氏及孔氏字辈谱系进行梳理。

1. 荒寨苗族族谱——以龙DP家族族谱为例

（1）龙氏谱系梳理

山东龙氏总祠开具证明，根据民国六年（1917）版《龙氏族谱》，现居丹寨县南皋乡石桥村的龙DP家族为宗旺公的后裔。龙宗旺，系伯高公第三十八世、永兴十世，族人较为兴旺，其高祖伯高公支系湖南省永州市零陵太守，宗亲禹官曾在江西南昌带兵，坐镇常德花园等，后从江西迁往贵州。[①]

① 龙氏东山总祠宗亲理事会榕江分会编《龙氏族谱榕江支谱（一卷）》，2017年10月18日，第151页。

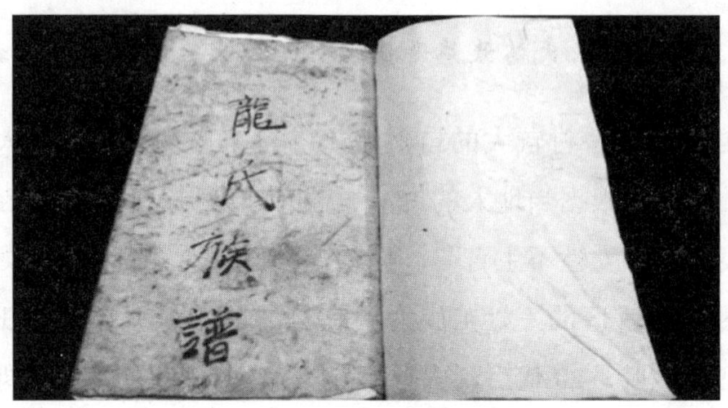

图5.1　龙氏族谱（席禹梅摄）

根据《龙氏族谱 榕江支谱（一卷）》，笔者将龙DP之祖先龙宗旺追溯宗族支系如下：

① 先仕

② 伯高（西汉，零陵太守，89岁卒）

③ 诏明

④ 瑜公

⑤ 衔公

⑥ 宣公

⑦ 昶公

⑧ 况公

⑨ 乾公

⑩ 坤公

⑪ 宇公

⑫ 刚公

⑬ 万川

⑭ 鱼化

⑮ 声公

⑯ 现舞

⑰ 睿公

⑱ 英公

⑲ 瑞公

⑳ 虞公

㉑ 淮公

㉒ 纪公

㉓ 汉公

㉔ 俨公

㉕ 诠公

㉖ 暹公

㉗ 霓公

㉘ 谅公

㉙ 煦公

㉚ 庚公

㉛ 怀公

㉜ 楚公

㉝ 况公

㉞ 进士

㉟ 琮公（况公次子）

㊱ 綧公（琮公次子，居贵州都匀等处，从顾塘复居莲塘）

㊲ 龙诚（綧公之子，太和县甘竹坪）

㊳ 舜举（龙诚之子，进士，河南监察推官）

㊴ 采廉（舜举四子，浙江会稽县令）

㊵ 禹官（采廉长子，南昌带兵，坐镇常德花园）

㊶ 宗旺公（1069 年，禹官第五子，随父由江西征战黔楚，坐镇芷江大龙，生子龙鳞）

（2）龙DP家族家规家训家训

根据《龙氏族谱·榕江支谱（一卷）》中，龙氏宗亲禹官留下的《禹官公〈家道〉总纲》从“老人道”“父母道”“夫妻道”“婆媳道”“儿女道”五个方面进行了家道论述。

老人道。老人是知天命之人，有责任教育、启迪儿孙如何做人，有责任传承和践行阴阳相行家道、家规、家风，为儿孙树立榜样。老人要多行善事，广积功德；面对家庭成员是非，要知远察微，秉其公道，明辨是非，及时做出决断；老人对家庭成员要有爱心，但不能偏爱，不能厚此薄彼，要一视同仁；老人要心胸宽广，性格开朗，不唠叨，少管闲事。

父母道。父母是人伦之始，自为人父母之日起，就要肩负养育子女的责任。为人父母者，上要敬老，下要爱幼，让家庭上敬而下和；立志创业，发家致富。农其业者，必至于积粟；工其业者，必至于励志笃行；节俭而不奢纵，讲仁义而不吝啬，有制谓之节，不奢谓之俭；尊师重教，教子要有方，要少说教、多用行动去感化儿女。与儿女充分沟通，同他们讲如何做人的道理，对儿女的学习要过问。但要求不要太苛刻，要多鼓励、少指责。要注意培养儿女自立的精神和爱好，让他们自己充分发挥智慧和潜能。

夫妻道。夫妻道是阴阳之道，阴阳协调，万物化生。以爱为根，以和为贵。夫妻关系是建立在相爱的基础之上，男人遇事要讲理，对妻子要关爱，要有担当，绝忌粗暴蛮横，妻子应做到尊重、关心体贴对方，绝忌相互猜疑；夫妻要相互忠贞，维护道德底线；夫妻要上敬父母、下慈儿女，能尽孝道，俯仰无莫大愧；夫妻之间要男女平等，不能男尊女卑；夫妻之间要举案齐眉、相敬如宾。

婆媳道。婆媳道，是礼义之道。媳妇在婆婆面前要守规矩、讲礼义、要诚心诚意地把婆婆视同自己的亲生母亲行谨其敬；婆婆要疼爱媳妇，要把媳妇视为自己的女儿一样看待，不要把媳妇看作外女；媳妇从娘家嫁到婆家，初来乍到，人生地不熟，婆婆要多关照，媳妇做得不对或做错了，婆婆要耐心引导，要多宽容、少指责。婆婆对待儿子和媳妇，要一碗水端平；婆媳之间要经常沟通，增进感情，如果老是不相往来，心灵之间就会出现鸿沟。

儿女道。人生最大的恩是父母养育之恩，儿女自当图报。父母生养安老，乃儿女责无旁贷，儿女对父母不能有忤逆之言行；儿女要为父母争光，立志做社会有用之人；要注重修身，学会做人；兄友弟恭，兄弟姐妹要和谐相处，骨肉手足之情，须尽亲爱之道，友恭之理；年轻人交友必须慎重，不易滥交，善者、仁者、诚信者可以多交，不善者不交；年轻人少饮酒，不吸烟，禁吸毒，禁嫖赌。

（三）荒寨汉族族谱梳理

1. 荒寨刘氏谱系字辈梳理

刘氏有12个字字辈，即“学、汉、邵、启、怀、大、庭、广、业、开、毕、发、温、定、单、方”，从启字辈到发字辈，刘家来到石桥村已有9辈人了。据荒寨刘家人说，他们的祖籍是湖南宝庆，来石桥村较早，那个时候这里还没有人烟。

2. 荒寨孔氏谱系字辈梳理

荒寨孔氏已知发展至今的有13个字字辈，即“令、白、卫、萃、友、青、上、恒、熙、阳、庆、凡、强”。孔氏是后来才到荒寨的，祖籍为山东。据荒寨孔家所知道的已有约20代人了。严、曾、施、孟、孔之间是不能开亲的，因为其字辈是一样的。孔氏近期才从兴化迁来，石桥村只居住了两代人，兴化孔氏约居住了5代人，目前已经从兴化全部迁徙至云南、黑龙江、榕江、麻江及石桥村等地。

纵观石桥村谱系梳理，可以看出王姓苗族来石桥村的时间最早，约为明末清初，算得上是石桥村最早的居民。并且，石桥村纸街王WH的家族脉系和大簸箕苗寨的一支王姓脉系11辈（约200年）之前的祖上是兄弟关系，据说因为闹矛盾而分居两边。王姓在石桥村占比最大，家族人丁最为兴旺。

后来，随着战争、逃荒，石桥村不断涌入外来人口，主要来自江西、湖南等地。大簸箕苗寨全为苗族王姓人，街上、荒寨、新村等地杂姓较多、民族较多的情况。

人际关系的聚合由此可见一斑，石桥村街上、新村、荒寨3个片区与大簸箕苗寨的关系一直较为复杂。由于石桥村街上约两百年前与大簸箕苗寨为兄弟关系，现在也不能通婚。随着时间的推移，血缘关系因不断分支而愈发淡薄，二者变成了互称兄弟但已无实际亲属关系的局面。3个片区杂姓聚居，内部关系更是错综复杂。3个片区的血缘聚合力虽远远不及大簸箕苗寨，但也形成了关系紧密的人际圈。

二、家教家风

“家风”一词较早见于魏晋南北朝，唐朝以后大量使用。东晋玄学家袁宏提出“有家风化导然也”之说，认为家风的作用是“化导”，即教育引导。南朝经学家黄侃提到“家风由父”，说明当时父亲在家风的形成上起决定性作用。我国古人把家风教育作为教育的初始阶段，强调“昔称幼学，早训家风”“自童子耳熟家训”“少习家训，长得名师”。北周文学家庾信在《哀江南赋》的序中说：“潘岳之文章，始述家风；陆机之辞赋，先陈世德。”把家风世德作为文学作品优先考虑的题材。当时的大家族皆以“世守家风”为要务。唐宋以后，家族形态有所变化，但仍重视家风的传承。古人多以清白形容家风，如柳宗元句“嗣家风之清白”等。石桥村中家风的形成，与石桥村家庭代代承袭的生计方式、家长的言传身教是分不开的。

（一）始终推崇和传承勤劳朴实的品质

在过去，石桥村村民主要的生计方式是农耕，部分家庭兼做造纸。不管家里是种田地的还是造纸的，孩子们从小便跟着大人做活。老人们说：“打小就要跟着大人做事的，不得偷懒，决定做一件事就要做好。”

无论过去还是现在，勤劳朴素、兢兢业业的品格都是石桥村人所推崇的，偷奸耍滑的人则会受到众人鄙夷。笔者所到之处，常见到中年妇女们在闲时织布、染布，中年甚至老年男子也下地做活，或是全家一同经营农家乐、造纸等，青年男子则在乡镇上上班或是自己经营某种产业。一天之中，村民们事务安排周密，少见闲散、贪逸享乐之辈。

荒寨开有打铁铺的孔家，家里以打铁和务农为生。家中老人虽年近 80，仍在做事，待人热情好客，其儿子也是本分、热情的人，孔爷爷很可爱，孔家人与笔者合影时，孔爷爷对孔奶奶说："老太婆你有白头发了，照相离我远点。"其孙子在广东打工，笔者调研时遇见其回来准备参加七月半的活动。在做完访谈后，他们盛情地留我们吃了酸汤鱼和自己种的葡萄，还喝了他们自家做的杨梅酒。一家人的善良和热情让笔者深有感触，每一个家庭成员身上的气质和品质都是石桥村人的缩影。

（二）近年来推崇勤学尚读的家风

石桥人把会写字、认字称为有文化。据本地人说，在过去，有文化的人是受人尊重的。民国时期，村中精于写状纸、会写契约文书的王育之，被村民们尊为石桥村的文化人，是村中德高望重之人。

以前，村民们对孩子读书的问题并不重视，若孩子不愿意读书，跟着大人做事便可。新中国成立后，读书出去闯的老人们受了读书、学技术的恩惠，便开始重视教育，例如王 WH 老人 20 世纪 60 年代就在贵阳、遵义等地工厂做技术工人，王 MW 从小就被教导要好好读书，只有读书才能改变务农的命运。

王 MW 回忆小时候的生活时说，当时家里粮食产量低，一大块田只能产两三百斤谷子，上学时饭都吃不饱，饭里三分之二都是红薯、小麦、玉米，白米饭仅占三分之一。穷则思变，在父亲"读书、学知识和技术可以改变生活"的教导下，王 MW 等后辈人努力读书，寻找生活的新出路。

现在，石桥村凡是上过学的中年人，大多不再务农，多选择外出打工或在石桥村从事村务工作、学校工作等，基本成为中年人中的精英。

在九年义务教育普及的情况下，每个小孩都必须读完初中才能决定继续升学还是外出打工。石桥村大多数人认为，现在凡是有能力读书的，家里就全力以赴地供他读书。如村里较富裕的龙家、老支书刘 TB 家等，都认为提升学历必然带来益处，只要孩子愿意上学，都会继续让孩子读下去。

（三）重男轻女的观念逐渐变化

在石桥村，男孩女孩都得跟着家长做活，男女都一样下地，没有区别对待，不过分家产时，都是分给男子。实行计划生育政策后，很多人家还是去找风水先生算结婚日子，认为这样可以让媳妇头胎生男孩。石桥村苗族一贯实行父子联名制，女子不能祭拜土地菩萨。这些都可看出石桥村人重男轻女的思想。

石桥村苗族女子一直受到社会教化规训，比如女子要学会绣花，否则会被人看不起。石桥村苗族的女孩子，长到 7 岁到 10 岁时，老人就会教她做苗族裙子的服饰、织背带等等。这种苗族背带做工特别精细，约两个月才能织成，一段布大概只能做出两床背带。若是苗族女孩子不愿意做背带或是做得不好，则会被人瞧不起，认为她不灵活。老人们常言："女生穿的衣服应是雕花绣朵的，必须会做手工。"对苗族女孩子的德育教育，塑选了她们内敛秀巧的品格，结婚后也都是男主外、女主内的家庭分工。

到 80 年代后，随着社会外部条件变化，更多的年轻人外出打工，愿做少数民族服饰的姑娘也大大减少，不再像过去那么普遍。传统的社会规训正在逐渐失效，走出石桥村的打工人群也越来越城市化。

性别观念也有部分变化。有的人家更重视女孩，也有的人家仍然存在重男轻女的思想，对女孩子教育的重视程度不是很高。二胎政策放开后，想要拥有一男一女的人家也有所增加。总体而言，重男轻女思想在今天有所缓解，但并未彻底改变，未能实现完全意义上的平等。

（四）父敬子孝的良好家风

1. 王 WH 家孝顺老人、兄弟和睦的故事

王 MW 回忆自己的家庭故事，他的父亲王文海这辈有三兄弟，而且都没有分家，20 多个人都在一起住。大爷爷是石桥的堡长，二爷爷务农，王 MW

的爷爷做生意。王 MW 说他爷爷头脑聪明，从山上挖石头来做成石灰，用以做少数民族布料的染料，生活就相对好一点。

王文海从小读书，后到都匀读高中，1956 年在贵州省成立的第一批西南工业革命大学读了大学，应该是本村第一个大学生。后来作为高级电工技术人才在遵义火电厂上班。王 MW 说："爷爷和大伯在家经商，以前被划为富农，被批斗。我爸是个孝子，心里一直记挂着家人。由于懂蒸气发电等机器运作技术，我爸爸曾 6 次申请工作调动，辗转都匀、麻江、下司、龙里等地的水电厂、火电厂等，最终才回到家里陪伴老人。"

王文海家里有 5 个孩子，3 个哥哥都安家在外，王明武和四哥选择留在父亲身边。他说："我们是最小的孩子，哥哥姐姐辛苦太多了，从小带着我们长大，现在应该轮到我们来孝敬老人，他们创业就让他们放心地出去。这样互相理解，让他们在外面无忧无虑地创业，少点牵挂。"王 MW 认为所谓家风就是有样学样。老人是孝子，受到了老人的言传身教，自己也会照做，自己做到了以后，自己的孩子也会照做。

延续了王文海老人三兄弟没有分家的传统，到儿子这辈也是离家不分家的，外出的三兄弟过年回来都是住在老房子里，在家的两兄弟虽然自己在外面也买了房子，但平时都会来老房子里陪伴老人，说这样才有家的感觉。

谈起自己的四哥王 MC，王 MW 显得非常自豪。王 MC 是 1990 年去当兵的。学习十分发奋，在家做事积极勤快，性格外向，为人诚实，不自吹自擂，喜欢广交朋友，人人都喜欢他的性格。家乡人去到那边，四哥都是优先接待，别人没有感激他的付出，他也没怨言，他胸怀宽广，建立了很好的人际关系。

2. 龙 DP 家兄弟不分家的故事

在浙江、广东务工的龙氏兄弟，在石桥村大力发展旅游业的背景下，回乡创办农家乐，兄弟合作经营，给农家乐取名为"和睦之家"。

在石桥村，虽然不分家的家庭较少，但人们还是向往和睦的家庭，谈起龙氏兄弟往往都交口称赞。人们看待分家问题都较为务实，如现在石桥村外出务工的多，就必须得分家。有些家庭地势面积很小，亦无分家的必要。如龙登平认为老人留下一层三间木屋，分家住也住不下，就没有必要去分。这种情况下，若是分家造房，为了各自的通行，就必须浪费好多空间，这样一来，地基、地势都较为紧张，强行分家显得非常不合理。

图5.2 “和睦之家”农家乐（席禹梅摄）

石桥村人的家教、家风充分体现了当地人的性格、品质、为人处世，是从古到今、代代相传的结果，特别是上一代对下一代的教育，在孩子的身上体现得淋漓尽致。可以说，一个家庭就是一个村子的缩影。

家教、家风潜移默化的作用是不可忽视的，石桥村人造纸时匠心独运的灵巧技艺，大簸箕苗寨人的吃苦耐劳、勤劳、实干、热情，这与传统农耕文明下相对闭塞的生存环境、血缘关系更为亲密的大家庭教育密切相关。在如今打工热潮的影响下，留守儿童成为重要问题，在家长外出务工、孩子多依赖学校教育的今天，如何将石桥村人勤劳、淳朴、实干、热情的品质传承下去，是必须思考的问题。

第二节　社会治理

石桥村的社会治理，从民国时期到今天，总体情况是社会秩序由差变好，管理力度由弱变强。种种社会治理的方式与成效，不仅见证着新中国的建设进程，同时也反映了石桥村人的生活蒸蒸日上。一个村子的治安状况是国家治理、民间治理的综合产物，两种力量的博弈、交融，共同推动着石桥村由混乱逐渐走向安宁、祥和，成为夜不闭户的平安村落。

一、石桥村社会治理规章制定基本情况

（一）石桥村主要治安管理制度

1. 矛盾调解排查制度

石桥村采取定期或不定期排查、召开会议等形式进行矛盾调解排查。每半月排查矛盾纠纷一次，于上半月底和下半月底最后一个赶场天到村委会集中报告。矛盾纠纷排查实行“包片区负责制”，分别由村委会成员、各小组组长、矛盾纠纷排查信息员按照划定的片区进行排查，排查发现矛盾纠纷或苗头要及时化解。

2. 石桥村社会管理治安例会制度

每月上旬召开综治工作会议，如遇到重大问题及紧急事情，可以随时召开。

3. 石桥村社会管理治安联防巡逻工作制度

巡查村民的家畜及其他家庭财产的安全防范情况。看护林木、输电设备、农田水利设施及其他公共设施。劝阻、制止群众赌博斗殴等。

4. 石桥村社会管理治安联防员值班制度

坚持以教育为主，打击现行违法犯罪的工作思路，严格执行交接班制度，不准迟到、早退。鸣锣喊寨时碰到群众报警和求助，值班人员必须做好登记并及时向派出所汇报。治安联防职员于年终召开一次村民座谈会，听取村民反映

的意见和建议，村“两委”将评议纳入治安联防队员的奖罚制度。

（二）石桥村消防管理规定

石桥村每月召开一次农村消防安全工作会议，每月开展一次消防安全全面检查，村民小组每周开展一次检查，“十户联保”小组每天开展一次检查，每天进行一次鸣锣喊寨。

（三）石桥村环境卫生规定

石桥村环境卫生管理以村民小组为单位，各村民小组实行自主管理，各自采取措施，村民委员会负责监督。管理的主要内容有村道沟渠卫生、畜禽卫生、食品卫生、公共场所卫生等 10 个方面。具体规定与标准如下：

1. 村道沟渠卫生管理规定

村所在地的主次干路路面平整清洁，做到无外露垃圾和积水。主次干路两侧沟渠排水通畅，无脏物、脏水，并搞好绿化美化。村民小组路面整修平整、干净，路面及两侧沟渠的杂草、杂物和污水要清理干净。每年春秋两季，村里组织群众对村路面进行整修。

2. 畜禽卫生管理规定

畜禽一律实行圈养，对畜禽圈舍做到“三勤”(勤起、勤垫、勤打扫)，并及时对畜禽粪便实行堆肥处理。对有一定规模的禽畜饲养圈舍采取相应的灭蝇和防止粪便、污水外流措施。病死禽畜要一律深埋，不得随意丢弃。

3. 食品卫生管理规定

食品生产、经营场所必须具有有效的卫生许可证，从业人员要有健康证，卫生设施要齐全，内外清洁，达到无蝇。从业人员要持证上岗，符合个人卫生标准要求，掌握必要的卫生知识。所生产经营的食品无假冒伪劣产品。对经营各类食品的露天摊位必须要有必要的保洁措施。

4. 公共场所卫生管理规定

门前要实行三包，门前、庭院做到绿化美化。集贸市场要有固定的交易场所，分类经营，有固定的管理人员和清扫人员。卫生设施齐备，有足量的垃圾箱、果皮箱。

5. 垃圾处理规定

村所在地垃圾实行定点管理。垃圾投放地的选址要科学合理。组建垃圾清理队伍，负责各村民小组所在地的垃圾管理工作。对居民每天生活垃圾的倒送有规定明确的地点，按规定倒入垃圾容器或指定的场所，再统一运到指定的垃圾投放地，并定期进行掩埋和消毒处理。村生产和生活垃圾以户为单位，在自家合理的位置进行无害化处理，禁止乱扔、乱堆、乱倒垃圾。对白色垃圾要经常拾捡，进行集中掩埋处理。

6. 厕所卫生管理

村所在地的公共厕所数量确保充足，位置要合理科学。要有专人管理，保持内外清洁，及时清掏，定期消杀。村全力提倡一厕，户厕要有门、顶、墙、坑，做到不渗不漏，及时清洁，粪便要运至远离村子的地点进行发酵无害化处理后施于农田。大力推广粪尿分集式生态厕所。组织有关人员对户厕进行定期检查消毒，防止蚊蝇滋生传播疾病。

7. 柴草管理

柴草与居住地应相隔一定的距离，实行定点集中堆放。堆放整齐有序，柴草要随用随清，保持整洁，注意防火。

8. 家庭卫生管理

农户庭院环境整洁，住宅和畜禽圈舍的设计符合卫生标准，不能人畜混居。室内物品摆放整齐，达到窗明几净，环境幽雅，对生活中所用的物品定期消毒。家庭成员勤洗澡、常理发、勤刷牙，保持个人卫生。

9. 水源卫生管理

村安装自来水，取水地点应远离畜禽圈舍、厕所，对水井周边及水源定期消毒，露天水井设施要齐全，有护栏、井盖，保证水源质量。有关部门组织技术人员对饮用水质适时进行监测，饮用卫生水合格率在97%以上，预防各类肠道传染病的发生和流行。

10. 除四害工作

村每年春秋两季组织统一开展灭鼠灭蟑活动，方法要科学，保证无中毒现象。粮库等特殊地点的防鼠设施合格率在 95% 以上，现场检查鼠密度低于 3%。

纵观石桥村的社会治理规章制度，都较为完备，并且大多数是根据乡镇的规范建立的，在治安、消防、环境卫生方面都做了较为细致的规定，但很多规定在实际执行中并不到位，如除四害等工作，并未实际在石桥村开展过。

二、社会治理工作的实际开展情况

（一）社会治理运行情况

1. 石桥村社会治理组织及其运行情况

目前石桥村设有村党组织、村“两委”组织等。政策的传达是由政府下文，到村人大代表、政协代表、党员代表、村民代表等开会商议。再由村民小组组长或者十户联保的户长具体通知到每家每户，一般找口才好、宣传能力强的人来参会，将政策记好再回去向各户传达。

2. 从“五户联保”到“十户联保”

“五户联保”是以兴仁镇王家村作为政策示范点，借鉴推广至丹寨全县的村民自治管理政策。在具体落实到石桥村时，由于五户人数较少、影响力不足，经石桥村村民小组代表大会和党员代表大会同意，在石桥村实施时改为“十户联保”的村民自治管理模式，自 2014 年 1 月起在石桥村开始正式施行。自实施之日起，取消议榔制度及旧式 1984 年版榔规，改为党组织全面领导，并制定 2014 年新版乡规民约。

（1）实施方案

一是和谐社会共建。“十户一体”的方式进行分组，在小组区域范围内，每周一开展一次全员大扫除，按户轮流值班、每月评分，石桥村共组建了 29 个联动小组，联动小组组长主要由党员、致富带头人担任，组建村联动评议小组 1 个。

二是美丽乡村共创。将村寨划分成若干个环境卫生整治区域，每个区域由十户承担保洁，并组建了由村五大员和小组长任环境巡查员组织。

三是脱贫致富共惠。以“十户一体”主体为基本单元，以种养殖产业为主导，以“支部＋企业＋农户”的模式，成立合作社2个，带动贫困户63户，初步形成规模化蛋鸡养殖基地、中药材种植基地、造纸文化传承及体验基地、黑毛猪养殖基地等各类基地。

（2）石桥村“十户一体”户长工作职责

组织治安联防，即督促辖区家庭户落实好“四防”（防火、防盗、防抢、防事故）等治安防范措施；收集并上报信息，收集“四情”（敌情、社情、舆情、民情）信息；管理流动人口；化解矛盾纠纷；开展宣传教育；做好帮教转化；创建平安家庭。

（3）石桥村“十户一体”公约“三字经”

咱们村，好环境；维护好，有前景；
造纸乡，最有名；将你我，来传承；
建设好，新农村；本条约，要牢记；
爱国家，爱集体；跟党走，志不移；
务正业，谋生计；勤劳作，同富裕；
多学习，守法律；带好头，莫迟疑；
建房子，经审批；遵章法，守规矩；
用水电，不违纪；公家物，要爱惜；
义务工，积极去；公益事，多出力；
好青年，服兵役；戍边疆，保社稷；
按计划，来生育；生男女，都满意；
倡晚婚，讲优生；独生孩，好福气；
娶儿媳，嫁女儿；破旧俗，立新意；
丧事简，不挑剔；既庄重，又省钱；

敬老人，合作理；对儿童，重教育；

邻里间，有情谊；互帮助，如兄弟；

讲文明，行礼义；宽待人，严律己；

讲卫生，好习气；环境美，有秩序；

倒垃圾，不随意；砖瓦柴，摆整齐；

猪狗羊，鸭兔鸡；要围养，多管理；

此条约，大家立；执行好，都受益。

3.“十户联保”下石桥村的管理运行情况

(1)“十户联保”联合家庭的划分与管理

十户家庭的选取是根据居民住户的地理位置，以十户为单位连片地进行组合划分。在十户当中，推选出一位觉悟较高、能言善道、有说服力、通情达理、有威信的人来当户长，以便监督“十户联保”的政策执行。通常，工作能力好、处事公证、受到认可的户长可以继续连任，否则一两年内就自动辞职。石桥村的户长多是连任的，因为他们的为人处世受到了大家的认可，说话办事都受到了群众的信任。

(2)“十户联保”政策执行情况

“十户联保”旨在促进家庭团结、家庭卫生、为人品质的政策落实等方面，以户长带头监督、家庭间互相监督的方式进行自我管理。十户家庭间可起到群众评议的作用。

例如，若十户中有一户人家家庭不团结，一经发现，若想申请政府帮助，周围几户人家就会评议这家团结情况不好，那么村委会本次就不会开具证明，只有等这户人家关系处理好后，下一次申请政府补助时方得通过。此外，若是某个家庭经常吵架，十户中的邻里听到，就会以众议的方式进行舆论监督。

户长的监督方式也并不死板、严苛。如监督家庭卫生情况时，户长就像是去串门一般，暗自记下那家的卫生情况，到评选美化家庭等荣誉时，就有了评判依据。

（二）卫生管理情况

1. 河流环境卫生管理

石桥村虽从民国时期就开始造纸，但河流仍十分清澈，这在多年造纸的地方并不常见。石桥村的河流水质虽比不上 80 年代那样可饮用，但水依然清澈见底，有鱼虾，并可供抽取用作灌溉田地、生活用水等。

河流依然清澈的原因，众人所言不一。大部分石桥村人认为，在河里拣料、洗构皮麻对河流没有危害，水一流就走了，河流有自净功能，过一会就会恢复清亮。村民们认为石灰、碱、滑药等都是取自自然的，不会对生态有过度污染。

过去造纸是用木制的蹬，脚踩制动以完成冲、翻、搅等过程，以清洗构皮、皮麻，现在造纸是在房子里用机器打烂构皮麻后冲纸等，污水排到污水池进行循环净化或是直接排放河里。

可见，石桥村的造纸活动中，虽然有一定的化学物质直接排放，但由于古法造纸程序很多，尚未形成工业化、规模化生产，且化学物质使用相对现代造纸而言较少，对河流污染不严重。

造纸传承人潘玉华认为造纸大户接受了大额订单仍不能大规模地造纸，否则将来在河里拣料、清洗石灰或滑药等化学药品会对河流及下游造成危害。

2. 饮用水源、自来水引水卫生管理情况

（1）石桥村引水工程

石桥村的引水工程自 1984 年开始，在大岩脚山顶修建水库，水经过梭水崖引下来，解决饮水问题，是丹寨县第一个引水工程。2019 年 2 月，作为浙江对口帮扶丹寨县的引水工程，在九门修建的水厂将解决石桥村、九门村等近 8000 人的用水问题。

（2）石桥村饮用水源

目前，大簸箕苗寨的饮用水源是 2018 年修建的位于保寨树后的饮水池，是一个直径 8.4 米的圆柱形水池。当地人对饮水池的水源、水质都相当自信，他们认为这里的水质比矿泉水还好。

（3）排污处理

当前，石桥村直接向河中排放的排污管道有9处。其中，湾滩马路上游2处、中段2处、风雨桥马路至大簸箕苗寨沿途5处，直径均为30厘米的圆形排污口。天降暴雨时，浑浊的雨水、地面积水便通过排污口直接排到河里。

2018年起，丹寨县的污水处理亮化工程从九门、清江等村开始实施，据说剩余资金到石桥村时仍有拨款不到位等情况，因而石桥村污水处理池（化粪池）2019年仍在修建。目前，石桥村污水处理池仍在建设中，未能投入使用，生活用水仍未经处理直接排放。

石桥村3处修建污水处理池：新村造纸户旁、石桥村大寨湾滩中后段农村信用社超市旁边河岸公厕底下、大簸箕苗寨住宅底下与田坝衔接处。

图5.3　大簸箕苗寨化粪池（席禹梅摄）

石桥大寨湾滩中后段农村信用社超市旁边河岸公厕底下污水处理池：长14米、宽6米，满池漂浮着绿藻，内有泥鳅等，呈露天状态。

大簸箕苗寨住宅底下与田坝衔接处污水处理池：长17.04米、宽4.08米、深度超过 2 米，上有水泥井盖，呈封闭状态。

新村造纸户旁污水处理池：有 3 个净化设备。一是绿色净化一体箱，高 2 米，宽 2.4 米，长 5 米；二是水泥露天小池子，高 60 厘米，宽 2.4 米，深 1.8 米；飘着绿藻的露天池子呈正方形，边长为 3.6 米。

据石桥村村民说，修建纸街石板路底下的排污沟很费功夫，因底下是石头，只能用电锤慢慢敲，最后流到污水处理池中。大簸箕苗寨的污水经由地下水道或沟渠排到田里。村民反映，现在水源的卫生比过去好 80% 以上。

图5.4　石桥村新村化粪池（席禹梅摄）

3. 垃圾处理

过去，在垃圾处理问题上，石桥村人环保意识并不强。大簸箕苗寨处理垃圾的方式就是集中在一起拿到河边去烧，石桥村则征用大簸箕苗寨后面的破山冲及造纸厂的对面山坳处（现造纸参观地大岩脚）两处，用于垃圾倾倒、填埋，但实际上，污水仍会从上面流下来。

为配合打造旅游村，2010 年前后，大簸箕苗寨开始正式配备保洁员及小型垃圾桶、垃圾箱等环保人员与卫生设施。大簸箕苗寨约有保洁员 4 个，2 个管辖河边，2 个管辖寨上，保洁员主要做少部分的垃圾清扫。在垃圾处理方面，现在仍有部分在河边焚烧。此外，各家各户把垃圾扫出来放入垃圾桶，大垃圾箱装满后才被拉走。在垃圾桶设施方面，以前石桥村纸街的旅游街道上很小的垃圾桶就有 50 余个，后来统一改换为生活类垃圾桶，以绿色小型垃圾桶（0.5 米长方形截面、高约 1 米）最为常见，其次为大的蓝白色垃圾箱（宽 2 米、长 1 米）。

大簸箕苗寨有 3 条街道，每条约住 10 户人家，平均 3 户人家共有 1 个垃圾桶，小型绿色垃圾桶约有 10 个。风雨桥对面街道及湾滩公路中段各有 1 个大的蓝白色垃圾箱。相对大簸箕苗寨集中固定摆放，石桥村湾滩马路、荒寨等的垃圾桶流动性较大，风雨桥 1 个、公路 2 个小型绿色垃圾桶。另外，纸街、新村等旅游重点街道配备艺术造型的水泥垃圾桶，约 30 米就可见 1 个。

4. 厕所卫生管理

石桥村尚未建成化粪池处理系统，大多数家庭仍沿用传统的粪坑、挑粪、浇灌的处理方式。2018 年起，石桥村依黔东南苗族侗族自治州的政策，对村内家庭施行“三改”措施，即改厨、改厕、改圈。其中，厨房、厕所的改建工作已经覆盖整个石桥村，改圈工作还未开始。家里有足够的地基，就可以向政府申请三改补贴，由石桥村装修师傅来修新房。若家里没有足够的地基，可以在家里安装冲水管道，挖下水道通往化粪池，但村民们只要有地基的都愿意新建房子。

在整改厕所上，安装冲水厕所，在排污系统正式投入使用后，各家的粪水会排到化粪池后再排到河流。但目前生活较困难的人家还是采取挑粪灌溉的方法，其他大多数生活条件稍好的人家，都是自己整改为冲水厕所，或是得到政府的补助进行整改。以前的厕所是坑，家里用木桶或者缸来装粪，可以用作自然化肥，现在均使用化学化肥，生态大粪的使用已大大减少。

“三改”执行过程中也存在各种问题。有一次，县级部门计划在湾滩公路边坎上修大型化肥池，但挖地基时发现地面以下 10 厘米左右全部是石头，所以就取消了。又如改厕，因为石桥村有些人家地基下全是石头，不具备改厕的条件，导致无法实施。

在公厕运行管理方面。新村作为旅游主区，修建的旅游公厕就有 3 处，且均连接到化粪池。但在旅游淡季，旅游公厕就有 2 处大门紧锁，没有专人负责管理。

图5.5　石桥村大寨老式厕所（席禹梅摄）

图5.6　大簸箕苗寨“三改”厕所（席禹梅摄）

图5.7　文化长廊旅游公厕（一）（席禹梅摄）

图5.8　文化长廊旅游公厕（二）（席禹梅摄）

图5.9　石桥村新村的小公厕（席禹梅摄）

图5.10　石桥村大寨纸街公厕（一）（席禹梅摄）

图5.11　石桥村大寨公厕（二）（席禹梅摄）

图5.12　大簸箕苗寨旅游公厕（席禹梅摄）

5. 公共场所卫生管理

“清洁风暴”是石桥村于 2017 年 6 月开始施行的清洁整治活动，活动动员村寨里的男女老少积极参加村民义务清扫垃圾行动，开展为期一个半月的卫生大扫除，并按要求配备保洁员、护林员等。

活动采用聘请保洁员或由农户轮值保洁的方式对公共区域进行清洁，原则上每 50 户配备 1 名保洁员，少于 50 户的自然寨配备 1 名保洁员。在重要节假日和每 10 ～ 15 天进行一次大扫除，组织全体村民清理垃圾。2018 年，石桥村六组配备 3 名、二组 1 名、公共区域 1 名，共计 5 名保洁人员。

图5.13　石桥村文化走廊带垃圾转运站（席禹梅摄）

图5.14　石桥村新村垃圾转运站（席禹梅摄）

图5.15　石桥村大寨垃圾转运站（席禹梅摄）

“清洁风暴”治理情况：

在七月半前的一周，笔者便目睹了一次石桥村集体清扫工作。村干部在组织清扫河道、街道前会先挨家挨户地动员、通知村民，分别负责自己所在区域。当天 8 点左右，约 30 位自愿义务劳动的村民带着扫把、簸箕、钳子等清扫工具，在河道、跳鼓场、公路等地清理杂草、捡拾垃圾等。至中午，风雨桥下的河道垃圾、杂草已清理完毕，他们还在跳鼓场上方呈放射状地拉了四五条彩旗。不过在七月半后，跳鼓场、河道等地的垃圾仍较多，可见日常清理工作并不到位。

（三）消防管理情况

1. 村寨消防基本情况

石桥村（不含太平村辖区）有 4 个自然寨，6 个村民小组，其中连片自然村寨 30 户以下 1 个，30 ～ 50 户 3 个，50 ～ 99 户 1 个，100 户以上 1 个，全村 80% 以上房屋为木质结构，防火间距不足，耐火等级低。群众生产、生活用火方式落后，消防基础设施薄弱。

2. 消防设施设备基本情况

截至 2015 年，全村有消防机动泵 3 台，消防水带 25 条共计 500 米，消防水枪 4 支，灭火器 315 个，有破拆工具板斧 10 把，油锯 2 台，4.5 米长火钩 15 把。有消防水池的村寨有 3 个，共计 3 口，其中，2015 年新建高位消防水池 1 口，铺设管网 1500 米，政府资金投入 20 万元。普通消防水池 2 口，容积共计 180 立方米，还需修建消防水池 5 口，消防应急水田 4 块。建有消防管网的寨子有 3 个，总长度 3000 米，配有消防栓 24 个。农房保险投保 435 户，还有 20 户未参与投保。

图5.16　石桥村大簸箕苗寨的消防水箱（李秋华摄）

图5.17　石桥村新村消防池（席禹梅摄）

图5.18 石桥村新村配套消防栓（席禹梅摄）

3. 消防管理情况

（1）消防管理情况

湾滩、纸街等地的住户反映房子多次发生火灾，多由电线老化等问题引发。现在用电需求极大，老化电线承受不足则会起火，因此已经进行了两次电改。

石桥村街上还有治保主任和民兵理长等治安工作人员巡逻提醒住户处理消防隐患，若是提醒不改的，今后申请补贴会被暂缓。

LY："村里面有治保主任和民兵理长，平时他也要去转一下，哪家存在这些安全隐患，他就向村里反应，组织大家伙去他家做思想工作。比方像哪家柴草挨到房子，不太安全了，就要动员他把柴草放远点。"

相比石桥村大寨，大簸箕苗寨在消防方面做得更好，没有发生过大规模火灾。仅有的一次着火是在2006年，保寨树后的独户房子被烧了，其他家均未发生过房子的整体着火的情况。据大簸箕苗寨人说，大家在用火时都很注意，发生火灾时都是先扑灭火苗，而非抢救物品。

王MQ："我们大簸箕苗寨遭烧就喊救火，有些地方的人听到起火了，他们先抢东西不去灭火，肯定越烧越大嘛。我们寨子都是全力以赴扑火，大家都互相帮忙。"

图5.19　石桥村纸街的消防箱（席禹梅摄）

（2）鸣锣喊寨制度

鸣锣喊寨指的是由专人持锣在晚上巡逻（大簸箕苗寨在23点左右，石桥村在夏天约21点，冬天约20点），鸣锣提醒注意防火。轮流值班的自卫消防管理制度自2006年起开始施行，由村干部牵头，安排人员轮流巡逻打更。通常，鸣锣喊寨1周1次，即每月4次，石桥村与大簸箕苗寨分别巡逻管理所在片区。近年来，老年协会也参与鸣锣喊寨。

总体来说，石桥村开展的治理工作是有所成效的，无论是“十户一体”管理制度，还是鸣锣喊寨、集体清洁行动、卫生设施配备等措施，都落到了实处，特别是大簸箕苗寨消防设施，配备齐全，投入较大。但家用化粪设施、造纸污水的处理设备等尚未投入使用，尤其是造纸污水的直接排放，这是石桥村目前较为严重的问题。

三、社会治理情况的历史沿革

（一）民国时期社会治理情况

1. 生计方面

民国时期的石桥村，石桥村街上多数人都以种地为生，农闲时造纸，大簸箕苗寨则仅进行耕作。大多数人家勉强维持温饱，遇到灾年饭都不够吃。石桥村街上的杂姓住户多是从湖南、江西等地逃荒而来，来到石桥村没有住房，就去富裕的人家去打工，尤其是在插秧等农忙时节。雇工可以在主人家吃三餐，并得到 1 升米带回家。

据石桥村人介绍，民国时期石桥村造纸兴盛，造纸的人家请人挑纸到贵阳售卖，从石桥到贵阳一般要走五天，一个月要去一次。销售的纸多以擦枪纸、挂青纸、写字纸等为主。

2. 民国时期的石桥村治安

民国末期，军阀割据，呈现无政府状态，到处有土匪横行、占山为王，抢劫时有发生。石桥村治安队溃不成军，甚至有其他寨子的富裕人家也来抢石桥村，村里偏远的地方只有三五户人家，经常被抢，主要抢钱、牲畜等，甚至抓人去当佣人。当时专门负责保卫工作的人号召本村青壮年共同保卫村里面的人。

王 MW："我妈妈已经 87 岁了，家是新村鱼乐坡的，在她小的时候，人家抢来的东西就放在她们村，从太平坡来的就抢那几户，那些土匪抢东西到她们那里大吃大喝，她们就添饭给人家吃。他们吃的是那些大猪大鸭，吃完点起大把火，呼呼呼地下山去，从那里下山下到河边，再顺河下去。到处是兵荒马乱的状态。

国民党剿匪时，抓不到人，甚至也参与到抢劫老百姓的行当中来。据老人们说，很多地方那些土匪啊，经过石桥村的时候都要下马来跟当时的石桥堡长王 DM 会个面，以示敬意，否则不敢骑马过去，怕被整治，因为当官的手上是有土枪的。于是官匪一家，遭洗劫的老百姓只能暗自叫苦。"

（二）新中国成立以来治理情况

1. 新中国成立初期治理情况

（1）初期混乱

1949年初期，石桥村尚未解放之时，处于无政府状态，地方小势力割据，加之当地国民党政府、军队还在宣传东山再起的言论，造成地方上的一部分人盲目跟随。

新中国成立初期，部分石桥村人以为是国民党是正宗，走了弯路参加了土匪，在新中国成立后受到了相应的处罚。村里有个90多岁的老人还在公路旁边砌堡坎，那个老人说："年轻的时候哪里晓得嘛，晓得的话我肯定不加入他们！"后面水厂埋水管需要从老人修的堡坎经过，政府就给他建了一个新的堡坎，他说十分感谢共产党，还是共产党好。

（2）治理土匪

新中国成立后，人民政府开始着手整治占山为王、欺行霸市的土匪。调查摸底之后，对本村顽固、恶劣分子，对外来人、本村人手段极为恶毒的，通过各种方式公开清理、逐步清除。

民国到新中国成立的这段时间，石桥村的社会治安状况是相当差的，可以说毫无安宁，人们想要过平静的生活是十分困难的。

2. 改革开放以后的治理情况

（1）改革开放以来历届榔头、村主任、村支书履任情况

表5.1 改革开放以来历届榔头、村主任、村支书履任情况

职务	姓名	任职年份
榔头	王文昌、王启贵、王文炳、王明林、王启亮	1984—2000
	梁毅	1984
	刘廷邦	1984—2014

续表

职务		姓名	任职年份
村主任	石桥人	刘廷邦	1984—2000
	石桥人	梁毅	2005—2013
	大簸箕苗寨人	王春	2014
	石桥人	解仁军	2013—2015
	大簸箕苗寨人	王成康	2016至今
村支书	石桥人	王文邦	1978—1984
	石桥人	罗振强	1984—2000
	石桥人	梁亨荣	2014
	石桥人	梁毅	2013、2015
	石桥人	王启林	2016
	石桥人	徐奉猛	2017—2018乡长代支书
	石桥人	王兴武	2019至今

石桥村的支书必须是党员，多是由上级任命，村主任则由群众选举，村主任在石桥村人心中应该是亲民的、来自群众的。造纸大户王兴武为现任村支书。

（2）改革开放后的治安生活

20 世纪 80 年代初期，石桥村人的生活仍很贫困，人们衣着褴褛，多是吃粗粮，少有人家能吃大米。很多小孩放学回家还要推磨磨玉米、小麦等。20 世纪 80 年代，石桥村时有发生其他村子的人来田里偷鱼、偷狗一类的事件。据石桥村村民说，1986 年的时候，旁边舟溪镇情郎村的男生借来找女生谈恋爱为名，来石桥村游街窜寨，偷独家冲王 QC 家的狗，被石桥村村民当场捉到。

王 MW：“应该是 1986、1987 年。太平坡有几个人专门偷鱼，有人看到他们晚上去引水进田，就去看，发现他们是偷鱼的，就捉去中间街那里打，我们在旁边看，打得相当惨。那几个人经常遭打，经常跑，从年轻到老一直在偷，被打惨了就不敢再来了。”

以前，群众一起打偷盗者是符合乡规民约的，偷盗者往往是因为太穷，乡规民约的“四个一”（乡规民约对偷盗罚100斤肉、100斤酒、100斤米、100斤柴，后变为“五个一”，即增加罚100元）也执行不力，偷盗者也罚不起，所以常见的处理方式是打一顿，还被拉到纸街的中间街游行。

20世纪90年代，石桥村发生多起偷牛案件。石桥村丢了两三次牛，多的一次有圈养的6头牛全部被偷，有的在坡上拴住也被偷，偷盗者都没抓住。

据村民们说，2000年左右，人们吃狗肉的风气上升。石桥村的偷狗案件中，多是外乡人晚上开车来用麻醉枪射杀狗或是用麻醉药喂狗，然后把狗带走。偷狗者来往石桥村一趟，回去就有五六条狗，一条狗价值几百块，最后可以卖几千元。

梁Y妻子：“他们都是开车过去，一般都是晚上拿麻醉枪打的比较多，一枪打过去，狗就倒了。那时候我们这边经常有人家的狗打落（丢）了。监控也看不到，晚上太黑看不清楚，或者那些人不在监控范围内偷，很难抓得到。晚上狗是睡在门口，第二天早上起来狗就不见了。”

3. 现在的治理情况

据村民说，2000年石桥村仍有人家把现金放在家里保存，经常出现偷盗案件。2010年电子交易普及后，村民家中不再存放现金，电子摄像头等现代监控设备装备在石桥村公路、纸街民居、湾滩公路等地都有安装。目前，石桥村偷盗案件大大下降，村民出门可以不锁门，晚上一楼的门也经常不关。

（1）现代治理组织情况

一是民主决策。

石桥村村级事务民主决策的基本组织形式是村民会议和村民代表会议。村民会议是指本村18周岁以上全体村民参加的大会，其权力高于村民代表会议，有权撤销和更改村民代表大会所做决定，且村民代表会议的决议、决定不得与村民会议的决议、决定相抵触。

村民代表大会是由本村选举村民代表组成，是负责村内日常具体事务的基层组织形式，其特点是决策高效。石桥村村民代表大会职权内容包括：村发展规划、村年度发展计划、本村享受务工补贴的人数及补贴标准、村集体经济所得收益的使用、兴修水利、修建村道路等公益事业的经费筹集和用工方案、村集体经济项目的立项、承包方案及村公益事业的建设承包方案、村民的承包经营方案、宅基地的使用方案、计划生育指标安排、村民代表会议认为应当由村民会议讨论决定的涉及村民利益的其他事项等。

村级事项民主决策的程序：由1/10以上村民联名、1/5以上村民代表联名提出议案。村党支部统一受理议案，并召开村党支部和村民委员会联席会议，研究提出具体意见和建议。由村民委员会召集村民会议或村民代表会议，讨论决定，并及时公布表决结果。

二是民主选举、评议村干部制度。

村民委员会选举制度是村民委员会的初步候选人由全体村民直接提名，并经反复讨论，最后根据多数人的意见确定正式候选人。村委会主任、副主任和委员的候选人确定后，由村民依法选举产生。

民主评议对象为村党组织班子成员、村民委员会班子成员、村集体经济组织班子成员、村民小组长以及其他村务管理人员。民主评议村干部每年进行一次，把群众满意与否作为衡量村干部是否合格的标准，评议结果要与村干部的补贴直接挂钩。民主评议由乡党委、政府具体组织，通过村民会议、村民代表会议或与村民座谈等形式进行。

三是石桥村组织。

目前石桥村共有九大组织：村党支部、村团支部、村委会、村治保、村治保调解委员会、村民兵连、村妇联、村工会、村经济委员会。

村委会运行规范：根据《石桥村村民委员会工作制度》，由村委集体研究决定的问题，全体委员必须参加，半数以上通过，方能做出决定。村委会执行每月会议制度，即村委会每月召开一次碰头会议、一次全体成员办公会、村委会一般每月要向村党支部汇报一次工作。除此之外，还有每年汇报会议制度，即村委会每年至少向村民会议或村民代表会议报告一次工作，接受与会人员的质询，对有关问题做出解释。

（2）现代治理的实施情况

一是村民眼中的平安石桥。

石桥村人普遍说，石桥村的社会治安自改革开放以来都很好，普遍来讲都比较安全，没有发生过大案、要案。偷鸡摸狗等偷盗案件基本都是20世纪80年代的事，大多都是外乡人所为。

王师傅："这个地方从改革开放以来，都挺安全的，拿我们家来说，一楼的那个门都用不着关。"

王MW："现在这个年代没人偷东西了，像我们的车子随便停在路边，没有哪个敢动，也没有哪个要。现在我们街上每户都装得有摄像头监控着，大家都安全。

二是村民眼中的兄弟村寨。

石桥村与大簸箕苗寨的祖先是兄弟，两地间也互有来往，只是人们习惯上不会在对方那边过夜。

新村余公："我有点田地在上面（大簸箕苗寨处），我经常去那边的一个人家里吃饭。和他不是亲戚，他住的地方挨近我的田地，看到（我来大簸箕寨种地）就喊我去吃饭。我们的地方风俗是这样的，我可以去他们家吃饭，他们也可以来我这里。"

笔者问："两处田地挨近，那么有没有田地相争的事情呢？"

新村余公："比如你家是那边的田地，我家是这边的田地，你去挖我的，我去挖你的，这种就会扯皮（吵架），不然不扯皮的嘛。我为人老实，吃点亏，你挖点也没有哪样，我不计较。"

三是如何看待与其他村寨的矛盾。

石桥人说起村寨矛盾，多是一致对外的，认为偷盗都是外村人所为，本村人从以前到现在都没有进行过偷盗，这是人们的普遍观念。村民们常常回忆起80年代时其他村寨的人来石桥村偷牛、偷鸡，石桥村人按乡规民约处置的事情。但近年来随着经济和生活的好转，偷盗案件已经大大减少了。

王师傅："我们这个寨子在八几年的时候，主要是凯里、下司、三都那边的人常来偷牛。附近也有些人来偷狗、偷鸡。现在没有人偷了。"

除此之外，有几个村寨间的矛盾是一直存在的：

田地相争。石桥村与邻村的田土相争从包产到户、划分田地时便产生了，情形大致有二：一是石桥村与邻村的土地是相间的，划分的土地是在其他村的田土范围上，如大簸箕苗寨与情郎村；二是在石桥村与邻村交界处产生纠纷，如大簸箕苗寨与太平村。

大簸箕苗寨与太平村交界处一直就存在土地归属问题，至今仍在相争。按已履行的法律程序，因大簸箕苗寨没有土地证，而太平村有，所以交界处的土地应归属太平村。但目前是按乡规民约执行的，太平村可以在交界处种杨梅等，但卖的钱仍要分给大簸箕苗寨。

现代法律与民间习惯法间的不协调，实则是人们传统观念与现代的接轨，而在大簸箕苗寨，这种冲击则显得稍稍滞后，人们仍坚信着苗寨的习惯法维护自身利益，这是文化基因与记忆对大簸箕苗族深刻影响的体现。

王毫升："按过去乡规民约的规定，只允许砍三丈远，你砍过去了就是人家的，哪怕是草也是人家的。他们翻过田坎到我们的山上来割草的话，我们捉到就要他赔钱，没有钱的，我们就按'四个一'（100 斤大米、100 元、100 斤肉、100 斤酒）处罚。"

二是河道相争。据王毫升说，在 16 年前左右，尝卡村抢石桥村的河道，都拿去乡里面判个公道。相争的这条河是从兴流经祝凯、大兴、九门，最后到南皋清水江。

新中国成立后的石桥村治理情况逐渐明朗化，可以看出村干从榔头到村主任、村支书的变迁，越来越正规化，很多政策造福了石桥村，而大簸箕苗寨则是近年来才兴起。现在，石桥村在大家的眼里，表面上治安是挺好的，但内在的矛盾、利益冲突却潜伏其中，尤其是石桥大寨与大簸箕苗寨之间的利益斗争，已然脱离了兄弟情感关系，各自做本寨的内部事务，不相互帮助。

四、传统农村社会治理情况——乡规民约

“乡规民约”一词何时出现已无从查考，从相关历史文献来看，与乡规民约最接近的词是“规约”。笔者据此推测，“乡规民约”一词乃由“规约”扩展而来，它的出现应该是在清末开始的文体改革之后，指的是人们就某一事项，经相互协议规定下来的、供大家共同遵守的行为规范。这些行为规范不是原来就有的，也不是由外界强加给的，而是乡里百姓从实际生活的需要出发，通过相互合意的方式订立的，所以便有“乡规民约”之谓。

1949年以后，国家加强了对乡村社会的治理，多数旧的乡规民约都作为“封建遗毒”被清除了。20世纪80年代以后，随着村民自治制度在全国农村的广泛推行，乡规民约的制定再次受到国家的支持与鼓励，并于1998年以立法的形式正式被写入《中华人民共和国村民委员会组织法》。该组织法第二十七条规定，“村民会议可以制定和修改村民自治章程、村规民约”“不得与宪法、法律、法规和国家的政策相抵触，不得有侵犯村民的人身权利、民主权利和合法财产权利的内容”。国家希望由基层群众性自治组织中乡规民约的制定，实现村民的自我管理、自我教育和自我服务。

（一）石桥村20世纪80年代版的榔约

乡规民约在20世纪80年代时又称榔约，后经两次修订，1984年纸质版是目前最早、最全的文本型榔规，由大簸箕苗寨榔头王毫升等人召开大簸箕苗寨村民大会，众人提意见合议而成。石桥村大寨之外的其他3个自然寨也沿用此约。手写拟好稿子后（那时候没有打字机）就拿去乡里复印，分发到各户。值得注意的是，在石桥村，纸质版的乡规民约是国家权力的象征，但在实际执行中，人们仍履行不成文的习惯法，如偷盗者处罚“四个一”等习惯性规定。

正因为当时榔规与法律有不符（比当时法律更为严苛）的地方，经众人合议通过的榔约在当时人们的认知上是榔约大过法律的，所以榔约文本也不敢去

乡里盖公章，不具备法律意义上的有效性，在实际操作上，本村执行即可。

1.1984 年版《乡规民约》原文

图5.20　1984年版大簸箕苗寨《乡规民约》（席禹梅摄）

《乡规民约》南皋乡

1984 年石桥村大簸箕苗寨修订

为了坚持四项基本原则和社会主义生产资料公有制，维护国家、集体、个人三者之间的合法权益和公民的人身权益，维护社会治安，开创社会主义现代化建设的新局面，经我村社员群众会议充分讨论决定，立约如下，希望广大共产党员、团员、干部、社员群众，互相监督，共同遵守执行。

第一条：破坏社会主义生产资料公有制行为的

1. 私自起房占田的，不管占田多少，除责令搬迁外，每次罚款100元。

2. 私自出卖集体耕牛的，除责令交清所卖得的钱给生产队外，出售1头罚款100元。

3. 清原耕，继祖业，抢占田土的，除责令退补外，每亩罚款200元。

4. 盗卖集体成片森林的（用材林、经济林、竹林），除追缴赃款外，视其情节轻重罚款50～100元，触犯刑律构成犯罪的上报法律机关查处。

5. 放火烧山者，不管有意无意，每亩罚款10元，构成犯罪的报司法机关查处。

6. 盗卖集体木材的，除没收原物外，按照出卖款额加一倍罚款。

7. 乱砍集体用木材（包括松树、杉树），除没收原物外，按每棵桩兜寸心尺寸计标，松树每寸罚款3元，杉树每寸罚款5元。原物不在的加一倍罚款。砍桩兜也同样按砍树论处。

8. 进入他队责任山要柴的，生柴每挑罚款5元，干柴3元，剃杉树丫每百斤罚款5元，松树每百斤罚款3元，偷他人柴的不分干柴生柴，每挑不分重量多少，罚款5元。偷他人堆草树的每棵罚款10元，偷他人秎草的每百斤罚款5元，偷垫圈草的每百斤罚款4元以上除罚款外，并收回原物。

进入责任山割垫圈草、割秧青、割草等每次罚款10元。

责任田、责任地边除原来生产队栽的杉树、果树、开荒户留的杉树外，田边土角为一丈五宽。

偷砍社队林场责任山幼树的，每棵罚款10元，并追回原物，偷砍金竹、鸡毛竹、找笋每根罚款1元。

偷拾集体、个人林产品（包括果树）每斤罚款1元。

偷砍社队林场责任山幼树的，每棵罚款10元。（包括桐子树、茶树）

第二条：破坏社会秩序，破坏农业生产行为的

组织帮派打家劫舍的，不管有理无理，每次罚款200元，并责令退回所抢得的赃物和负责伤者的医药费和营养费用，构成犯罪者，移交法律机关查处。

盗窃他人物资的，除责令退回原物外，每次罚款20元。

偷他人鸡、鸭、鹅的，每只罚款5元，并退回原物。如鸡、鸭、鹅吃庄稼，捉到可自行处理。

偷他人鱼的，每斤罚款5元，并退回原物。造成粮食减产的，应照赔偿损失。

石桥（天然桥）至山湾冲口（河沟口）为我村河道管区，在我村河道管区炸鱼每次罚款10元，用电灯、拦河网、撒网每次罚款20元，大量毒鱼的每次罚款50元。

盗窃他人粮食（杩谷、小麦、大麦、黄豆等）每斤罚款1元。

盗窃他人绿肥每斤罚款3元。瓜菜和红苕、洋芋、花生、地瓜、葵花及豆类等，每斤罚款5角。

严禁放牛进入林区，如放牛进入林区，每头牛罚款10元。如牛吃庄稼，由损失者和放牛者协商处理。

盗窃他人木材成品，加倍罚款，并退回原物。

参加赌博的，每人罚款50元，并交给法律机关查处。

破坏公共秩序、市场秩序及酗酒闹事，每次罚款20元，如挖保寨树以上石头的，每次罚款50元。

第三条：破坏婚姻和家庭、计划生育的

私自取环的每人次罚款59元，并追究法律责任。

不按计划生育、超生小孩的，除上级规定的经济制裁外，每超生一胎，罚款200元。

父母包办婚姻的，每人次罚款100元，并追究刑事责任。

拐卖婚姻的，每人次罚款100元，并追究刑事责任。

骗婚造成他人家庭不和睦的，每次罚款200元。

通奸造成他人家庭不和睦的，每次罚款200元。

重婚纳妾的罚款100元，并移交法律机关追究刑事责任。

虐待、打骂父母或子女的拘役5天，罚款10元，情节严重的，交法律部门查处。

虐待、打骂随娘抱养子女的，拘役5天，罚款10元，情节严重的，交法律部门查处。

干涉、挑拨他人婚姻造成他人家庭不和的，拘役7天，罚款80元，情节严重的，交法律机关查处。

第四条：附则

本公约与刑法，治安管理条例，婚姻法、森林法、宪法等国家制定的法律、法令、条例有冲突的，应以国家法律、法令、条例为准。

执行本公约付诸实施，由村民小组执行，民约执行小组由王文昌、王启贵、王文炳、王明林、王启亮等同志组成，王文昌同志担任民约领导、小组组长。

乡规民约领导小组组长处理石桥，每人付给代价5元，问题领导小组不给予处理，罚领导小组每人5元。

发现盗窃不检举者，罚不检举者10元。

本民约从一九八四年九月十七日起执行。

丹寨县南皋乡石桥村大簸箕苗寨村乡规民约领导小组

一九八四年九月十六日

由以上内容可知，1984年版的榔约对公共土地空间、生态环境、农业生产、家庭关系做了较为明确的规定，并在当年执行力度较为良好，在保护公山不被砍伐、保护植被、保护河流水质及鱼类等方面，发挥了巨大作用，使石桥相对其他村来说，生态环境良好。

1986年发生了一起煤厂瓦斯爆炸事件，老榔头无法处理村民们因爆炸造成的伤亡赔偿问题，一时群情激愤，榔头陆续退役。少了令众人信服的榔头，榔约执行力亦逐渐减弱。2000年左右，随着榔头陆续外出打工，无人主持榔约的执行，榔约逐渐失效。到2014年"十户联保"正式推行时，制定了2014年新版乡规民约，老版榔约正式作废。

2. 石桥村人尽皆知、实际执行的口传习惯法——"四个一"

在石桥村，人们提到旧的乡规民约，都会说到"四个一"，其影响力甚至大于纸质版的榔规。

"四个一"是指在石桥村如偷盗、砍伐公山树林等被人捉住，除了归还物资，还要按"四个一"(100斤大米、100元、100斤肉、100斤酒）来处罚偷盗者，并加罚1头猪（或是用价值五六百元的猪抵偿"四个一"的处罚），处罚的物资由全村人共享。

处罚该偷盗者的场面是公开的，榔头组织举行全体村民会议，号召全体村民一起去拿违规者家的罚款物资。若是惯犯，就选在晚上，在纸街当众打他，以儆效尤。若是承担不起"四个一"处罚的，村民说偷盗者这个月出不起就等下个月，其教育意义是大过物质上处罚的，要考虑特殊情况，要讲情理，可以在期限范围内让受罚者去想办法，不能把教育人变为逼死人。

3.20世纪80年代，榔规体现了超前的环保生态意识

据老榔头王亳升说，在制定乡规民约的当年，大家都是信服的，执行力度也大。一般，违反乡规民约比较多的行为是砍树、割草等。如果其他寨子的人在石桥村的范围内砍树，是通过量树的尺寸来执行罚款的。砍树、砍草事件罚款最多，其目的是保护森林、河流等。

在当时，砍一棵树是要罚几十元的，国家政策都没有这样严苛，但是石桥村人觉得不这样规定的话，山林毁灭、河流污染，家园便毁了。40多年来，大簸箕苗寨的树林植被保护良好。大簸箕苗寨的人对自己所保护的生态环境也非常自豪，村民说道："大簸箕苗寨有很多树种，其他村就没有。放眼去看，有

很多树的就是大簸箕苗寨，树少的是其他村。”

（二）石桥村近年来的乡规民约（根据2014年版、2017年版）

石桥村2014年版、2017年版的乡规民约对村民人身权益、财产、农村消防、公共卫生、计划生育、水、电、通信设施、文化场所、社会治安、公益事业等方面进行了相关规定。相比80年代完全由村民自己提议而形成的乡规民约，现代的乡规民约更加围绕党的政策，规定也更为细致。

近年来的乡规民约也体现了石桥村人的思想变化，笔者概述如下：

1. 人与人之间逐渐疏离的边界观

受城市化进程、石桥村旅游业兴起等因素的影响，石桥村与外界的联系越来越多，但之前紧密的人际关系却愈发疏远。在涉及个人利益方面，乡规民约针对矛盾较深的耕种引水问题做了大量具体的规定。例如每年春耕开始，凡有水源的旧坝，一律实行班水制，违者罚款50元以上；破坏水利、电力设施的，除要求破坏者恢复设施外，还处以罚款100元以上；如在班水时间，用机子抽水、接断别人班水的，依时计费，每分钟罚款20元；在枯水期，禁用机子抽别人用以灌溉的蓄水池，违者罚款30元以上。还对个人所有的林、牧、渔等的边界做了具体规定。如第二十五条：放牧、禽户要守护好，以免践踏别人的庄稼和绿肥，违者罚款20元以上，并赔偿其损失；第二十六条：严禁放马、牛、羊进入用材林地踩踏树苗，不论大小，每头（匹、只）除赔偿损失外并罚款50元等。

2. 从“四个一”到“五个一”体现与时俱进的治安观

在治安规范方面，第三十条：偷盗或者各种手段故意破坏农作物和经济作物，造成损失的，除赔偿费用之外，加罚“五个一”，即在“四个一”的基础上，增加100块豆腐，并将100元替换为100斤柴，以便用来煮饭给大家吃。“五个一”惩罚措施体现了村民对偷盗事件严格惩处的决心，也体现了石桥村随着货币贬值、村民生活富裕，当年的100元罚款现在已起不到实质的约束作用。

3. 严格保护公共空间的公德观

随着旅游业的发展，石桥村人也提高了公德观，即严格保护公共空间不受侵犯、破坏。如第二十条：不得占用公路堆放障碍物，不乱挖水沟，不乱堆放猪粪，如因建设需要堆放建筑材料等杂物的，应于当日清理完毕，违者罚款 50 ～ 100 元；第三十一条：各自然寨现有的通道，任何人不得以任何口强行封锁和阻拦，违者罚款 50 元以上；第二十二条：村内交通运输通道及公共用地，严禁乱建，违者强行拆除，并处罚 1000 元以上等；第三十三条：不得以任何理由破坏村委会综合服务大楼、斗牛场、篮球场、芦笙堂等村集体文化设施建设，防止一切破坏文体设施，违者除赔偿外，并罚款 1000 元以上。

4. 对水源生态保护更为严格的生态观

对水源地渔业资源的严格保护。在石桥村的河道管辖范围内，严禁一切捕鱼活动（除垂钓和在涨洪水期间的指定时间内网鱼），如经发现或举报，没收其捕鱼工具并处以 500 ～ 5000 元罚款；以各种手段盗鱼造成损失的，除赔偿损失费之外，追加罚款 500 ～ 1000 元等。规定保持自来水清洁，不得在自来水源头、蓄水池旁大小便、洗衣服等，严防坏人投毒。人人都要做到不破坏自来水设施，违背者除责令修复以外并处以罚款 10 元以上。

可以看出，到 2014 年版、2017 年版等新版乡规民约，贯彻国家政策的思想更加凸显，规定越来越繁杂、细致。但同时也少了石桥村的地方特色，不便于村民记忆。据村民反映，近年来仍有按“四个一”处罚村民砍伐公山、私自占田的情况。

第三节　学校教育

学校教育作为人生中重要的一环，在每个人的身上发挥着教化作用。在石桥村只有一所学校——石桥小学。石桥小学诞生于民国时期，逐渐融入石桥人的集体记忆中，成为石桥村人成长的印记，也见证着石桥村人生活的变迁。

一、丹寨县石桥小学基本情况

石桥小学位于石桥村的东南面，是一所村级完全小学，学校距县政府所在地丹寨 35 千米，距凯里 30 千米，大致位于凯里、雷山、麻江和丹寨四地的交界处。据《南皋乡志》，1921 年创建了石桥国民小学。学堂规模较小，学生有 20 多人。

如今，学校招生范围为南皋乡石桥村、清江村和太平村 3 个行政村，服务半径达 6 千米，覆盖 1058 户 3766 人，其中，苗族占 95% 以上。在 2012 年全县教育布局调整中，鉴于石桥村属于旅游村寨，经县政府同意，石桥小学被保留下来成为南皋乡唯一一所村级完全小学。

学校占地面积 3789 平方米，校舍建筑面积 1572 平方米，其中教学及辅助用房面积 816 平方米，生活服务用房 1183 平方米，学生宿舍 523 平方米，食堂 260 平方米，教师宿舍 160 平方米。现有设施设备情况：教学仪器价值 42.22 万元，计算机 38 台，有 6 套“班班通”设备，图书 5248 册。

学校共开设 6 个班级一至六年级；在校学生 136 人；教职工 19 人，专任教师 12 人，中级职称以上 7 人，本科学历以上 12 人；校医 1 人，本科学历。工勤人员 6 人。

图5.21　石桥小学全貌（席禹梅摄）

2014年以来，在教科局的大力支持下，学校硬件建设发生了巨大变化。学生食堂和宿舍楼、孝茂教学楼、厕所浴室综合楼和塑胶球场相继投入使用，2016年暑期对所有建筑物进行了由内而外的装修，先后配备图书2602册。2018年5月7日，学校安装了价值3万余元的监控设备，大力改善了学校办学条件。在石桥村，“最好的房子是学校”。

石桥小学历来以“不放弃任何一个学生，办人民满意的学校”为办学理念，以“博学、乐学、文明、向上”为校训，以“快乐学习每一天，幸福生活一辈子”为校风，以“热爱家乡，做文明人”为办学特色，办学取得了一定的成果。2014年12月，丹寨县人民政府授予石桥小学“2013—2014学年度教学质量显著提高奖”。2016年2月，在基本普及十五年教育工作中成绩突出，被丹寨县人民政府授予“先进集体”。

图5.22　石桥小学孝茂教学楼（李秋华摄）

图5.23　石桥小学宿舍（李秋华摄）

此外，石桥小学内含 1 个幼儿园，设有小班和大班各 1 个，每个班 1 名老师，每个班约 15 名同学。

二、村民眼中的学校教育

（一）学堂教育

石桥村在民国时期就有公学、私学。当时条件极为贫困，老师一人一校，教授古书、四字经等。

阿婆："以前我们读四书、读习文。我现在还记得一些，'女儿经，仔细听、早早起、出慧门、早茶汤、旧仓厅、勤梳洗、爱北京……无事不读、有事求人、那时方悔、要读不能。买田买地，不如买书，几斤千两，多买经书，娘苦不教育，养女不教育不如养猪……过十四要小心，穿衣服旧如新，如杀饭要接近'，以前我们读的就是这些经书。"

新中国成立后，也只有极少数人被送入学堂（或称私塾）读书。王明林老人回忆道："1958 年，老师复印纸来教学生，三四个人组成一个班。1957 年、1958 年学生都来了，1958 年开始学生都有书了。之前都是饿饭啊，根本不想读书。"

最早的私塾开设在纸街王兴武家背后的木房子里，只有 3 个老师、5 个年级。学费并不贵，有意愿的人家一起出资，均摊聘请老师的资费。资费一般 1 块到 2 块，以示尊敬和感谢。由于教师较少，一人所授学科通常包括语文、算术等。

民国时期，国民小学学堂办在纸街中间街。1960 年出生的王师傅（石桥村小学的门卫）回忆起石桥村学堂最早的样子："最早是在我家木房的堂屋，因为我家的房屋当时在石桥村那里数第一。首先是大，其次是较高，我家那儿有王兴武家那里高。到我这一代已经有五辈人居住了，后来在 2013 年毁于电路失火，房屋被毁了，以前在南皋乡，最高、最老、最好的房子就是我家。"土地改革时期，王师傅家被拆。到 1967 年，石桥村生产大队就在王兴武家旁边修了高约 4 米的两间木房用作教室。期间学堂停办过一段时间，生产大队的仓房也曾用作教学场地。

到 20 世纪 80 年代，附近村寨的孩子都过来上学，石桥小学容纳不下，就改建到现在村委会后面的老纸厂那里，修建了砖木结构的石桥小学。

（二）由民办小学到公办村级完全小学

1. 村民修建砖木结构的新石桥小学

1972 年至 1973 年，石桥小学统一搬到老纸厂原址上，由村民集资、出力兴建起来。多名曾就读过石桥小学的村民表示，当时作为学生的他们在太平村烧砖、烧瓦，自己抬石灰、沙子调在一起来砌墙。当时在左右两边修了两间砖木结构房。不过后面左右教学楼逐渐被拆除，到 2012 年，左侧新建食堂、宿舍，右侧为孝茂捐赠的孝茂教学楼。1998 年，由香港慈善基金会的释大光、县教育局各出资 10 万余元，合资新建了学校办公大楼。

现已退休的罗老师（36 年教龄，石桥小学教师）回忆当年教书的情形："我 1983 年开始在这里教书。那时候才有 3 个教师，上课时间短，同学们下课就去玩了。那时候考试也简单，就是那两本书，及格率也就在 40% ～ 60%。"

在采访石桥小学最资深的老师时得知，2014 年左右，学校教室的内部设备就有了很大提升，现在教室条件好多了，都是白板，笔是特殊上墨的写字笔，并配备有电脑。上课时，老师直接把课件放在电脑里面，使用更方便了，以前用的是 U 盘。

2. 逐渐成熟的村级完全小学

在九年义务教育的背景下，村民们对送孩子上学这件事形成了一些共识，他们认为外出打工也是要有文化的，而有文化就是要读书认字。除了父母是公职人员的孩子外，其他绝大多数孩子都是学费书费全免，另需缴纳的是学校提供的营养午餐费用，家庭在初级教育阶段的开支较少。王明清主任表示："我们这个县人口不多，现在我们做脱贫攻坚工作，不能有失学的。失学跟脱贫攻坚是挂钩的。我们都要到村里动员孩子来读书，只要你愿意，不管是哪个学校都是无条件接收的，只要去读就好了。”

3. 石桥小学详细运行情况

（1）小班化的完全义务教育

目前，石桥小学每个年级只有 1 个班，每个班有 10 ～ 30 个学生，共 136 人，2 个老师教 1 个班，共 12 个老师。基本上老师都是跟班走，也有年纪大的老师跟不了高年级的情况，老师可以自己选择是否跟班走。

义务教育免除了学费、住宿费，学校食堂还有餐补（每餐补贴 1 元），学生可选择是否交 30 元的保险费。住校生每学期交 200 元，可以补贴两餐。非住校生每学期交 100 元，补贴一餐。石桥小学每年行政经费 3 万元，也囊括了印刷套卷的费用。因此，学生读书几乎不用怎么交钱。

（2）教学任务压力较重

义务教育要求适龄儿童必须入学，要求 100% 的升学率，学生不可以留级，因为学号是跟着学生走的。小升初仍有考核，丹寨县内进行一类（城市类）、二类（乡镇类）、三类（村类）按批次评比。最后一名的学校老师会去丹寨教育局培训 1 周，自费食宿，在会上检讨自己所带班级的成绩、分析落后原因等，造成老师有较大的心理压力。由于一年一评，第二学期石桥村老师会抓业绩，教学更积极。石桥村近年来评比成绩不稳定，老师们的目标考核是与工资挂钩的，若是成绩偏下，每位老师 5000 元的考核奖金就会被减去 2000 元。除了教学、坐班外，还要做材料（老师负责脱贫扫盲任务，如石桥小学每个老师负责 1 个人，工作内容包括教识字、做家访、做简报等）。

（3）学生质量参差不齐

石桥小学的孩子大多智力健全，也有极少先天智力不足、患有自闭症的学生。随着农村外出务工的普遍化，孩子偷盗父母钱财的事情也常见。如有学生偷了爸爸的几千块后，请同学吃饭或买玩具、自行车等。

（4）畸形的学生消费观

据 2018 年 7 月的村委会统计数据，石桥村处义务教育阶段的建档立卡户贫困学生有 65 名，男学生 40 名、女学生 25 名，其中苗族 59 名、汉族 5 名、仫佬族1名，有23名学生住校，其余42名均为走读，就读于石桥小学的有39名。

北京一机构每年给石桥小学学生捐赠衣服，据老师反映，学生会对衣服挑三拣四，甚至会因觉得不合适自己而拒领等，其实本质上是学生之间浮夸的攀比风导致的。

鉴于很多孩子家长外出务工无法长期陪伴在孩子身边，父母在孩子零用钱的问题上又较为宠溺，导致孩子们形成了攀比心理和拜金主义，严重影响了学习专注力。

（5）单亲、再婚家庭儿童的心理问题

石桥村青壮年劳动力外出打工已经成为当地人的主要生计方式，也带来了留守儿童、留守老人等问题，并带来相应的婚恋观的变化。据笔者多次走访了解，现在石桥村单亲家庭比例较高。如石桥小学在读的学生中，时老师所带的28人的班级中，单亲家庭比例高达一半。

外出打工的石桥村青年，通常在外结识配偶、生育孩子后来到石桥村，母亲看到家里太穷，就抛弃孩子和家庭出走。另外，现在年轻人对婚姻较轻率，稍有不合就离婚，再婚亦很轻率，逐步造成单亲家庭、二婚家庭数量增多。孩子对继父母本能地较为排斥，孩子谈起这些话题会较为敏感、脆弱，需要大人对其进行引导，才会逐步接受。

石桥小学的时老师谈起她曾有个大簸箕苗寨的女学生，幼年丧母，她爸爸养活她们三姊妹。她父亲另娶后，她告诉老师说“我爸爸遭（被）骗子骗了”。在老师的开导下，才慢慢接受了继母。石桥村小学学生新增继父继母的情况频繁出现，后来孩子都敞开心扉告诉时老师说“我家得妈（爸）了”。时老师便会告诉孩子们以后要理解父母，不要任性，学做家务，不被大人理解时要多忍耐。

时老师：“那时候需要调查班级中的单亲家庭情况。我要先说明没有爹、没有妈不是一件耻辱的事情，只是了解清楚而已，不然他们就会哭起来。”

在外出打工热潮的影响下，孩子家庭教育的缺失与对学校教育的依赖是值得思考的问题。在家庭教育方面，孩子在没有父母长期陪伴的情况下长大，沟通都是通过手机。由于异地的关系，父母常常不了解孩子的真实情况，教育多是托付给学校。成长教育中的德育、品格的形成也多是依赖家中老人的言传身教，家长缺席，孩子性格和人格的完全形成总是有所缺失，这就需要学校老师负担起部分家长的角色。

在访谈中笔者了解到，有一个学生父亲长年在外务工，孩子因同学间的一点小摩擦便马上打电话给爸爸，说在这里一直被欺负，实在不想活了之类的话。她是她家里最小的，父亲不在身边，家中的姐姐们便宠坏了她，形成了以自我为中心的性格，遇事容易变得极端。

民国时期到改革开放前，在条件极为困难的情况下，上学是少数人的特权。在学堂变为公办小学后，每个石桥村的适龄儿童都在家门口上了小学。谈起学校，村民们对小学的记忆与感情是无以言表的，这所学校也把石桥、清江、九门等村寨同年纪的孩子们聚集在一起共度了 6 年的时光，共同构成了石桥村人们记忆不可分割的一部分。

在今天，尽管家庭情况各有不同，但石桥村的年轻家长与爷爷辈的老人对孩子读书的问题总体上是重视的，也较为尊师重教。在九年义务教育的背景下，读到初中毕业是必须的也是大家心理上都认同的事情。学而优则仕、提升文凭以便找工作，成为当地人让孩子读书的主要动因。

第四节　社会组织

民间组织是指人们为了追求和实现某一特定的宗旨和目标，以公民个人身份参加的、出于自愿、不以营利为目的的、松散的社会共同体。民间组织的特征有：民间性，即组织的自主性、经济的自主性和活动的自主性；非营利性；官民二重性；相对独立性，由于民间组织可能在资金等方面对政府有依赖性，所以说这种独立性是相对的；针对性，相对于政府的管理面向社会的方方面面，民间组织只关注社会生活的某一领域，针对性强；灵活性，只有在组织需要时才集结。

民间组织在村寨治理中起到桥梁和纽带作用，可以帮助政府宣传党的路线方针政策，还可将群众的意见和建议反馈给政府。还可以协调和解决社会问题，如禁毒、防艾、村寨综合治理、传承民族传统文化等。

一、龙杆会

龙杆，一说指抬老人上山用的龙杆。另一说是拢干会，意为拢大家一起做事，本书暂称龙杆会。龙杆会是石桥村较为成熟的民间组织，其作用是组织和服务石桥村内的红白喜事。

（一）成立原因

相对于大簸箕苗寨单一王姓而言，石桥村外来人口很多，非亲戚关系不便协作开展白事。为了便于白事时村民的互来互往、更好地团结石桥村人，石桥村（除大簸箕苗寨外）于20世纪90年代便成立了总的龙杆会。

不过因各村民小组积极程度不一以及总的龙杆会不利于每家轮流协作等，在2008年梁毅支书召开村民大会后，将石桥村总的龙杆会分为石桥村4个小组，大簸箕苗寨2个小组也成立了自己的龙杆会，每个小组内部各自管理。

（二）主要规章制度

龙杆会要运行，必然要制定相关规章制度。在20世纪90年代，总的龙杆会成立之初便有相关规定，但未形成文本。2008年，由梁Y老支书等人牵头，在原有规章的基础上，修改并制作了纸质的规章文本。具体纸质章程现已不可查找，根据梁Y老支书口述，记录以下7条规章制度，并在后来的执行中有所改动：

1. 送礼不少于10元。以前仍需要龙杆会到家提醒部分不自觉的人家送礼。不过有了纸质规章后，也随着人们生活水平的提高，礼金数额已没有具体规定，按人情往来，越送越高了，目前最低送50块。

2. 参与龙杆会的人员凑钱购买其小组的白喜事用具。据石桥村民所述，每个小组的用具保存在各自的小组处，如锅碗瓢盆、桌子、板凳等，用具一般都占用一间无用的房屋，付少量水电费即可。

3. 该组有白喜，则该组人员负责煮饭、照顾宾客，其他组负责守夜、抬老人上山等。龙杆会分散为 6 个小组后，则灵活安排，如煮饭、守夜、抬老人上山的小组可轮流进行。

4. 分时段对晚上守夜的人点名 3 次，不到者每次罚 50 元，最高罚 150 元，罚款归龙杆会所有，用于购买用具。

5. 不交罚款、不参与活动者，以后他家有红白喜事，村里人均不予帮忙。

6. 抬人上山后有 1 次点名，埋葬老人后再次点名，不到者一次性扣 100 元。

7. 每家老人过世需凑 50 元柴火费。

在当时，纸质版规章一出，若石桥村人违反龙杆会章程规范，罚款是较重的。在目前的石桥村来说，大家参与龙杆会做事已形成习惯，故大多已不进行罚款。若不参与龙杆会活动、也不交份子钱的，大家默认按现行村规民约的规定，也不参与他家的白喜事。

（三）主要活动内容

1. 组织安排

（1）内外总

龙杆会内外总负责人员的分工和安排。外总安排人煮饭、摆桌子板凳等；内总主持一切内务，负责接客、收礼。

在龙杆会成立前，白事互相帮忙都是通过串寨子、吹哨子喊。现在龙杆会办白喜，安排、通知是用小组的移动喇叭。家里有其他除了龙杆会成员以外的人员，不强制每家出多少人，号召在家的人愿意帮忙的都来。

（2）成立本小组领导班子

本小组选举组内有说服力的人做领导者。以石桥村四组龙杆会为例，四组选 4 个人组成本小组的领导班子，主要担任内外总角色，有老人过世时，此 4

人必须率先到位，安排并监督本小组的人做事。

2. 白事流程安排

（1）平摊白事宴会用资

在 20 世纪 90 年代，龙杆会尚为总的石桥村龙杆会期间，哪家老人去世，本组全部成员都要出干柴，用秤称 80 斤干柴来煮饭，因为办白事一整天都需要烧火，这个管理比较严格。现在有较大变化，如 2019 年，四组改为小组每家交 30 元，用于买煤，用行军灶煮饭。

（2）厨具、餐具管理

每个小组自己出钱集资购买，如有损坏，交 100 ～ 200 元购置新的厨具。用具可以存放在小组成员中有闲置房间的人家，较少地补贴一些电费，但大多是免费占用其场地来存放用具。

直径 1 米的大锅有 4 个，碗 1000 多个。每次活动专门有人清点用具，有人去世的人家要付其 100 元。安排专人清点、登记桌椅板凳的数量，小组成员每家都要出 2 套桌子板凳（2 张大桌、4 张长板凳）。

（3）活动场地

场地不指定，根据去世人家的位置就近选择，通常为露天坝子。政府一直想在村委会后面修建祠堂，留 4 个房间给每个小组放餐具，以便雨天在祠堂内操办丧事，但因各家田土问题难以协调，一直没有实施。

（4）煮饭、招呼客人

现在石桥和大簸箕苗寨的龙杆会小组都是安排一户人家用大甑子早中晚各轮流煮一次，必须都煮过才进行下一轮。因为白喜必须要煮猪肉吃，男人负责抬猪、杀猪等力气活，所以通常是男人杀猪、做菜，妇女洗菜、洗碗、端菜，只有厨房忙不过来时妇女才会去一起做。

（5）守夜

死者在家停放两晚则是全组人守夜，停三晚以上则是各小组轮流守。例如四组有 45 户人家，停 3 个晚上，来客的那天必须全部人员都到这里，后面两晚则平均分配。如 22 家第一天，23 家第二天。22：30 ～ 23：00 开夜宵，吃过夜宵后通宵守夜，在开夜宵以前其他组自愿来的人越多，说明这家人人缘越好。

（6）抬去世老人上山

抬老人上山是由除了去世老人所在小组以外的其他所有组来完成的。原来是采取点名的方式，不来就去除资格，现在靠村民们自觉。埋人、捡拾路边石头拿到坟上、立碑等力气活都是男人做。

3. 亲疏有别

去世老人的内亲会在办白喜事时请芦笙等吹拉弹唱的人员，金额较高，通常为1500元，这项活动与龙杆会无关，红喜与龙杆会也是无关的。办红喜事时，主人家至少提前20天就去邀请关系较好的人家，请他们在办红喜事时来帮忙，先找到负责内外总的人，让他们帮忙安排人员。送礼金额看人情往来，一般来吃喜酒都是全家人一起来，办红喜事的人家请客随意，愿意请哪个小组成员都可以。

4. 石桥村历史上存在的其他互助组织形式

换工。这是村民们在农忙时自发的互助形式，如插秧、秋收、打谷子等。某一家插秧，会请10个左右关系好的人来帮忙，过几天对方需要插秧了，也过去协助。

二、老人协会

老年协会是石桥村在2006年按照国家政策成立的组织。60岁以上的老人每人需交30元的会费，目前成员约有100人。副会长王亳升说，入会后每个人每年都要交50元来参加活动。

其主要活动有四项：

一是老人节聚会。每年农历九月九过老人节时，老人协会向乡里面申请2000元的资金，给老人们举办聚会联络感情，也通过座谈会谈谈各家的情况，向乡、县政府反映情况。

二是铜鼓的保存。2014年，石桥村老年协会利用老龄委赠送的20000元，从凯里购得一面铜鼓，于每年七月半时请出，并备上酒、肉、鱼等祭品祭祖。

三是对青年提供协助。节庆时的仪式禁忌或者是村内事务的安排与执行（如鸣锣喊寨等），老人协会提供协助、帮衬、指导等。

四是如若协会会员去世，其他成员需要给其送葬、参加葬礼。

三、青年协会

青年协会是每年在七月半到来的前一个月临时成立的村民自发组织。下设斗牛协会、篮球协会等活动项目组织。青年协会负责人把村里有能力的青年人、中年人拉到微信群里，在群里通知、安排七月半的事项，如安排人去斗牛的地点拉牛、打扫篮球赛场地的卫生，组织捉鸭子游戏、游泳比赛等等。

四、苗疆协会

苗疆协会是大簸箕苗寨外出打工青年于2018年成立的组织，目前协会主要的活动是春节期间的姑妈回娘家活动。姑妈回娘家原先是一种自发的、零散的传统苗寨习俗，石桥村嫁出去的姑妈会不定时回门，一家挨一家地吃饭、喝酒，娘家人唱歌欢迎，姑妈走时会带上自家用猪血染的紫红布襟。

石桥村旅游兴起时，在苗疆协会的组织下，这个习俗逐渐变为节日展演性质的大型活动，在春节、七月半等节日，姑妈们会在微信群里商量时间，并根据自己的实际情况每人出200～500元，买一些礼物回娘家。娘家组织人做吃的，在姑妈回娘家当天安排人在门口迎接并送上银饰、染布等，现场还伴有芦笙舞、板凳舞等表演。这一活动在迎接游客的同时，还拍摄为旅游视频用以宣传，打造新型的展演式节庆。

纵观石桥村的民间组织，以龙杆会最为成熟。其规模达到家家参与，历史也较为悠久，组织能力也很强，是石桥村一个较为紧密的民间组织。可以说，龙杆会的出现既见证了石桥村（除大簸箕苗寨外）邻里之间的合作、互通人情，也体现了石桥村人敬重生命的生死观，这是人类最深沉、最朴素的守望相助的人文关怀。

第六章　古法造纸文化与旅游产业

古法造纸是石桥村旅游发展的重要依托，随着旅游发展的不断深入，石桥村古法造纸已经成为一个文化符号，不仅彰显着村落的历史，也与现代化接轨，给村民带来了经济效益，并由此开发出了一系列旅游产品，逐渐树立自己的旅游品牌。

第一节　古法造纸旅游发展的现状

2011 年 12 月，丹寨县人民政府通过了关于丹寨县石桥乡村旅游区修建详细规划的初步审查；2012 年 2 月，丹寨县人民政府、黔东南苗族侗族自治州旅游发展和风景名胜管理局召开并评审了《丹寨县石桥村旅游区修建详细规划》；同年 2 月，黔东南苗族侗族自治州旅游发展和风景名胜管理局同意通过《丹寨县石桥村旅游区详细规划》；2013 年 6 月，贵阳市召开贵州省 100 个旅游景区（含丹寨石桥古法造纸文化旅游景区）建设发展规划审核会议，会议通过规划方案并给予相关修改建议。就此，石桥乡村旅游规划正式通过且进入修改、实施阶段，最后形成了契合石桥村现状的旅游景区发展规划。

一、石桥村旅游规划

石桥村旅游景区的规划定位是“中国国纸之乡、苗族文化体验地、原生态休闲避暑山庄”；定位目标为“保护石桥古法造纸历史遗迹、传统工艺和簸箕寨民族建筑的独特风貌，弘扬地方特色民族文化、发展特色农业经济并依托特色农业和石桥村特有的历史文化资源发展乡村旅游，建设生产发展、乡风文明、村容整洁、管理民主活力新村”。

本着保护优先、合理利用、协调建设、特征明显、统筹规划的原则。石桥村的旅游规划参照了大量相关政策，如《城市用地分类与规划建设用地标准》(1990 年)；《风景名胜区环境卫生管理标准》(1992 年)；《中华人民共和国风景名胜区规划规范》(1999 年)；《风景名胜区规划规范》(1999 年)；《城市居住区规划设计规范》(2002 年)；《旅游规划通则》(2003 年)；《中华人民共和国土地管理法》(2004 年)；《风景名胜区条例》(国务院 2006 年)；《历史文化名城名镇名村保护条例》(国务院 2008 年)；《风景名胜区条例》(国务院 2006 年)；《城市规划编制办法》(2006 年)；《中华人民共和国城乡规划法》(2008 年)；《中华人民共和国环境保护法》；《关于加强风景名胜区保护管理工作的通知》；《旅游发展规划管理暂行办法》；《国务院关于进一步促进贵州经济社会又好又快发展的若干意见》(国发〔2012〕2 号)；《国务院关于加快旅游业发展的意见》(国发〔2009〕41 号)；《贵州省生态文化旅游创新区产业发展规划（2012—2020）》；《贵州省 100 个旅游景区建设 2013 年工作方案》(黔府办发〔2013〕13 号)；《贵州省风景名胜区管理条例》；《贵州省黔东南苗族侗族自治州旅游发展总体规划》；《贵州省 100 个旅游景区建设标准（试行）》；《黔东南苗族侗族自治州大景区管理体制改革实施意见》(2016 年 11 月 17 日)；《丹寨县县城总体规划（2010—2030）》；《丹寨龙泉山一岔河风景名胜区总体规划（2011—2030 说明书）》等。

二、石桥村旅游近年来运行情况

近年来，贵州省委、省政府确定把贵州省建设成为民族特色文化和喀斯特高原生态旅游的重要目的地，并制定了一系列计划和措施。丹寨风景区作为黔东南旅游大区的重要组成部分，其风景资源永续利用的地位必将进一步巩固，其旅游发展对地方社会经济的拉动作用必将进一步展现，特别是随着贵州省及黔东南苗族侗族自治州旅游环境的改善和旅游市场的形成，丹寨县的旅游产业将迎来广阔的前景和机遇。

石桥村古法造纸文化景区作为丹寨县重点旅游项目，已经在政府的支持下形成了一定的旅游体系，带来了一定的旅游收入与游客量。但是仍存在几个方面的问题。

一是从旅游通达性上看，仍不具备成熟的旅游条件。以县境交通情况来看，除沿 321 国道的景区交通状况较好外，其余各景点到干线公路的道路等级均较低，路况较差，特别是部分景区不通路或只通乡村公路，严重制约访客进入风景名胜区，也在很大程度上制约了风景旅游的开展。另一方面，没有直通石桥村的客车或者大巴车，游客需要从贵阳坐车到丹寨再坐小车到石桥村，整个过程需耗费五六个小时。这不仅使得游客体验感变差，也浪费了游客的大部分时间。

二是石桥村旅游投入资金不足。由于丹寨县经济总量较小，难以在风景区资源开发、基础设施建设和服务设施建设等方面有太多投入，需要多方筹资进行县域风景区资源的开发和保护。而丹寨县旅游资金的拨付，通常以石桥村的名义立项，但实际到位资金很少，这就导致了石桥村旅游景区开发的不完整。例如石桥村游客旅游中心一带，看似建设完整，实际上内部由于缺少后期的发展，整个旅游中心周围基本没有什么游客，大多游客还是集中在纸街和大岩脚古法造纸基地。此外，如古纸园等政府前期投资打造的项目，现已荒废，无人运行、管理。

第二节　造纸文化景区

一、以体验古法造纸为主的旅游形式

（一）石桥村造纸文化景区

石桥古法造纸文化景区位于凯里市西部和丹寨县城北部之间，距凯里市

20 千米，距丹寨万达小镇 30 千米。凯羊高速穿景区而过，区域交通优势明显。景区规划总面积为 9.8 平方千米，东至甲劳，南至白水岩，西至金竹，北至大簸箕苗寨。景区以古纸文化传承区为核心，集古纸文化、苗族风情、山水奇观、田园风光和寒武纪古生物化石群等多种旅游资源为一体，年平均气温 12.6℃～17.2℃，气候宜人，是天然的避暑胜地，观赏游憩价值极高。

核心景区规划面积约 2.1 平方千米，主要有观光、造纸体验、住宿及餐饮服务等。人文观光景点主要以造纸文化来吸引游客，主要有纸街旅游街道、石桥村古法造纸体验旅游带等文化旅游景点，以及以苗族风情为对象的大簸箕苗寨。此外，自然观光景点主要有天然石桥、风雨桥、石桥页岩“龙擦痒”等旅游景点。

住宿和餐饮服务主要有：石桥村农家（位于石桥村入口对面，但是现在基本不接待住宿）；良宿（2016 年开始运营，主要接待旅游团，可接待 20 人左右，包括住宿和餐饮）；和睦之家（位于石桥村村委旁，主要接待旅游团和散客，包括住宿和餐饮）；石桥村造纸客栈（2017 年开始运行，主要接待旅游团和学生团，可接待 20 人左右，包括住宿和餐饮）。

造纸体验主要有：黔山古法造纸教学；伍生手造纸研学基地；石桥村普通农家造纸体验。

（二）纸街旅游街道

纸街是石桥村的一条主干道，集交通、生活、旅游为一体。游客到来的第一站就是纸街，然而纸街并不是只是单纯的“旅游商业街”，它还是当地百姓生活的街，街上有百货商店，还有一家麻将馆。石桥村过去的纸主要用于祭祀，后来也用于书画、包吃食、做爆竹、做布鞋、插花、做烧纸包的封皮等，用途逐渐增多。现在的石桥村纸，开始出现了创新。

图6.1　石桥村纸街后门（席禹梅摄）

纸街作为当地重要的旅游景点，基本上所有到这里的游客都会去参观游览。由于当地的旅游业没有形成成熟的链条，游客并不是很多，旅游旺季时，纸街上的游客也是三三两两的，纸街没有完全商业化，虽然有基础的旅游设施，但是没有成熟的“吃、住、行、游、购、娱”体系，不能充分满足游客的需求，这里的旅游业也一直不温不火。有以下几家能持续开展旅游项目：

1. 王兴武的石桥古纸客栈

王兴武的石桥古纸客栈于 2007 年开始经营，发展至今已形成了住宿、餐饮与造纸体验为一体的经营模式。一楼为造纸展示区和纸产品销售区，主要进行花草纸的再加工。二楼为餐饮区，平均划分出 6 个独立的隔断式空间，每个空间放置 1 张圆桌，每张圆桌可坐 12 人左右。三楼为住宿区，共计 8 个房间。

图6.2　石桥古纸客栈（席禹梅摄）

图6.3　制作花草纸（杨天一摄）

2. 伍生手造纸研学基地

伍生手造纸研学基地于 2010 年开始运营。以“造纸手工体验—纸产品售卖”为主要经营模式，产品有花草纸、书画纸以及各类纸产品。2016 年被黔东南苗族侗族自治州人民政府办公室、黔东南苗族侗族自治州文体广电出版局授予州级“非物质文化遗产生产性保护示范基地”。曾被丹寨县文体广电局授予“皮质制作技艺传习所”，皮纸制作技艺也被首批列入“非物质文化遗产保护名录”。

“伍生”二字取自经营者王启辉的小名。伍生造纸研学基地以接待旅游团为主，目前较多的是学生团和亲子团。旺季在每年的七八月份，每天接待人数在 20 人左右。

图6.4　伍生手造纸研学基地（张任辉摄）

图6.5　伍生手造（席禹梅摄）

图6.6　王伍生家（席禹梅摄）

3. 纸街杨家祠堂遗址

石桥村杨家祠堂始建于清朝初年，光绪六年（1880 年），杨氏合族捐资修建了一座宗祠于街边，原建筑风格集徽派建筑及苗族干栏式吊脚楼风格于一体，在民国初年遭受大面积毁损，新中国成立后分给周边农户使用。现在，杨氏祠堂的主要位置已经新建了一栋红色外观的 4 层木楼房。

图6.7　原杨家祠堂地址（席禹梅摄）

4. 纸街杨倣文故居

杨倣文故居始建于清朝初年，民国时期归石桥村籍黔军生团团长杨方文所有。后来，木结构建筑因火灾毁损，仅留门楼和院墙。现在的杨家大院已经不是杨家后代居住，而是王家。房屋外墙与正门上的屋檐仍保留着民国时期的原貌，别具一格，门墙上还有以前留下的弹孔。

图6.8 杨家大院门牌（席禹梅摄）

图6.9 杨倣文故居一角（席禹梅摄）

图6.10 墙面上的子弹孔（席禹梅摄）

旅游旺季一过，早晨的纸街干净清爽，纸街上平时是看不到垃圾桶的，勤劳的纸街人总是把纸街打扫得很干净。中午时分的石桥村是繁忙的，但这里的生活节奏很慢。正值秋收时节，人们在自家的门口拿个大大的簸箕，在一块木板上面绑着解放鞋，鞋底朝上就这么摩擦着未完全干透的玉米棒，玉米就这么一粒一粒地被摩擦进了簸箕，也有的人家会用专门打玉米的机器。把塑料薄膜铺在门口的地上，玉米粒方方整整地被晒在上面。傍晚时分，纸街就成了人们吃饭、休闲的场所，家里若是有什么事或者来了客人，人们就会搬出灶、厨具等在纸街上开始做饭，做完饭后就会拉开桌子，大家围着圆桌开始了热闹的晚宴。晚餐结束后，若是没什么事做，人们就围坐着聊天。在木屋檐黄黄的灯光下，大人们坐在门前的小木凳上或是石坎上，小孩们在纸街上嬉戏，微风吹拂，开启了纸街静谧美好的夜晚。

（三）石桥村古法造纸体验旅游带

石桥村古法造纸体验旅游带是指由大岩脚古法造纸遗址体验中心、新村长廊带、穿洞古法造纸遗址体验中心组成的以造纸体验为旅游资源的旅游带。

1. 大岩脚古法造纸遗址体验中心

史料记载：“天然石桥对岸半里，石壁一幅，巍然耸峙如插屏，高可五百尺，宽三百余尺。有古藤二，大如椽，缘壁左右上交于巅，叶深绿，经冬不凋，形若龙，故名龙藤。壁间有龙头、虎掌、石笋、人物、山水诸形，俨然一帧古名画。下有窝可避风雨，又有石凳可憩游客。清光绪初，都匀知府兼下游营务处罗应旒奉檄平苗，经其地，留题七律二。诗云：骑马平番过此岩，嫣然小坐畅形骸。参差树木空中立，长短亭台对阵排。不画不描终不绣，非裁非剪亦非栽。此间若没神仙住，古迹从何自尔来？又云：征衣一领蔽风寒，懒把名山仔细看。小憩须臾诸自适，大图开展甚非凡。虹横水面过来客，龙伏岩窝不见潭。好景欲观观未得，悠悠匹马奔前关。”[①] 关于大岩脚有着许多美丽的传说：

① 《八寨县志稿》点校编纂委员会：《八寨县志稿》，贵州人民出版社，2017，第 54-74 页。

传说一：远古时，住在南皋河源头的翁敖为争当清水江的龙王，不顾一切地顺着南皋河向前奔，龙尾横扫，山洪暴发，泛滥成灾，百姓遭殃。雷公大为恼怒，以万钧霹雳劈死了翁敖，由于雷公用力过猛，击穿那片坡而形成了大岩脚。

传说二：大岩脚的桥脚以前是有泥土堵起来的，传说上面有两条龙下来，这两条龙是两个伙计，精通地理，他们有约定，如果死了，一个在一边。后来，他们的后代就把两人葬在两边。有一天，这两个伙计变成龙顺着河流下来，第一条龙就把大岩脚的脚边绕了一圈，当时那里的桥是空的，它在那里绕的时候留下了龙爪印。另外一条就打通桥的一边，它把桥脚的泥土推出来，水就流了出来，它就顺着水流往小学方向跑去了，跑到小学的后面，那里以前是个庙。另外一条龙随后赶来，在岩脚那里刮了一会，把水引到寨子的脚边（现在水田的瓷砖墙处），顺着下面的河流就分路往麻江去了。很多人都问石桥村为什么有那么多的弯弯拐拐，就是因为这两条龙在这里游来游去形成的。以前的庙盘有个悬吊起来的大铜钟，一条龙过来以后，大铜钟像是活了一般跟龙打架，龙慌了，就引水过来，大铜钟就跑到寨子岩脚处。

还有传说造纸师傅从南到北、从东到西寻找造纸基地，他们历经千辛万苦，总是找不到水质等各方面条件合适的地方。到石桥村后发现，这里一切都满足造纸的需要，就在这里建设了造纸基地，千年造纸的技艺就在石桥村流传下来了。最早的选择点在大岩脚石壁脚下，大岩脚就成了石桥村的造纸发源地。

大岩脚石壁下是古法造纸作坊，石壁前倾，能遮蔽风雨，是一座极好的天然厂房。内有一眼清澈的泉水，为造纸提供了上好的水源。20 世纪三四十年代，这里有纸槽 40 多个。造纸厂成立以后，大岩脚就和老的造纸厂（现石桥村小学旧址）合为一体。

大岩脚石壁上还留有众多石刻、诗句，但因年代久远，如今只剩下开凿的遗迹和模糊的字迹。这些诗句经过风雨的洗礼，大部分字迹已不清晰了，但可推断出大约是在清代乾隆、嘉庆、咸同年间的文人墨客所作，可见当时这里的游览盛况。有一石刻高 0.66 米，长 1.4 米，上有清光绪初都匀知府兼下游营务处罗应旒的两首七律诗，诗意虽美，但罗氏是奉命镇压苗族人民路过此题留的，为苗族人民所恨，苗族青年常用石击，加上年长日久，文字已不能辨认，目前与古法造纸遗址一同被列为省级文物保护单位，大岩脚也是古法造纸遗址传习点。岩壁下面有一排木房子，走到岩下可以看到壁上凿了一个神龛，神龛上放了一张蔡伦的画像及香灰盒，石壁上面写着“蔡伦之位”。路口右边立着一块石碑，刻着“省级文物保护单位”“石桥村白皮纸作坊遗址”，石碑的背面是该作坊遗址的简介。路口的左边有一块广告牌，上面写着“国家非物质文化遗产生产性保护示范基地”“贵州省丹寨县石桥村黔山古法造纸专业合作社（纸制作技艺），中华人民共和国文化部制，二〇一一年十一月”，有箭头指向“大崖壁古纸体验中心”。

图6.11　大岩脚造纸内景（一）（席禹梅摄）

图6.12　大岩脚造纸内景（二）（席禹梅摄）

图6.13　大岩脚远景图（席禹梅摄）

2. 新村造纸文化长廊带及古纸园

（1）新村造纸文化长廊带

成立石桥新村的初衷是为开展古法造纸文化旅游，这里的服务设施较齐全，有警务室、文化长廊、旅游餐饮、吊脚楼游客接待中心和服务中心、石桥村旅游景区建设指挥部、停车场、潘玉华的造纸教学基地等。有2栋均为三层木质结构的吊脚楼游客接待中心，基本具备现代化的住宿条件。长廊上有丹寨县石桥村旅游景区建设指挥部，里面用石桥村造的花纸贴在柱子上，但略微有一些旧了。文化长廊稍显单调，似乎没有真正体现景区以古法造纸文化传承为核心，凸显古法造纸、苗族风情、山水奇观、田园风光等多种旅游资源为一体的优势。

（2）“纸会唱歌”古法造纸研学中心

位于丹寨县石桥村新村游客中心对面，是凯里学院在石桥村设立的古法造纸研学中心，用于研究造纸技术、造纸文化等，同时也为游客们提供造纸体验。“纸会唱歌”由石桥村古法造纸国家级传承人潘玉华发起，首创了“纸有石桥村”“纸会唱歌”“纸有一套”等系列专题作品。“纸会唱歌”倡导以三融贯通成天地之道：自然取材，顺理成“纸”，此乃融道家；应儒家规矩，遵规从序，守信重义；随释家缘分，觉悟不迷，导众开慧。传递手作温度，传承人文道德，体现了中国先辈们的智慧，在传播中融入创造力，其主张古法造纸分段式传承，从工艺之道升级为艺术之道，由艺术之道转化为生活之道，从师徒饭碗式传承跨到师生创造性传承。笔者认为，古法造纸技艺的教育理念对于带动农家乐的发展和古法造纸的传承具有重要意义。

图6.14　溯源古法造纸研学中心（席禹梅摄）

图6.15　“纸会唱歌”研学基地（席禹梅摄）

“纸会唱歌”古法造纸研学基地主要功能划分：

一楼有造纸教学和造纸技艺展示两个区域，教学区可容纳 20 人左右。

二楼属于蜡染教学区和民宿。教学区有 3 张大桌子，并在其余位置放置桌椅以供游客休憩或作为餐饮区使用。蜡染技艺教学主要由一位蜡染师傅进行传授，两位帮工进行辅助。

图6.16　潘玉华万达小镇店内的各式纸产品（席禹梅摄）

“纸会唱歌”古法造纸研学基地主要活动：

一是接待。一般由旅行社联系潘玉华，告知人数及想体验的项目，然后再根据人数和时间来安排第二天的主要活动。

二是授课。潘玉华主要负责讲解，课程内容主要包括：手工纸的历史、手工纸的分类、手工纸的制作流程，并详细介绍整个石桥村造纸的流程、用料等，其中也会提到手工纸产量需求等内容。讲课结束后，游客可以自己去采摘花草、树叶。采摘结束后，其实也并没有让游客亲手体验抄纸这个环节，而是由专人将纸抄好之后，分发给游客。当然，如果游客想自己动手抄纸，也是可以的。作品完成后，游客可以在旅游结束后自取，也可以选择邮寄。

另一个讲授内容是蜡染技艺，同样以授课+实际操作的形式展开。首先介绍蜡染和扎染的区别，其次讲解蜡染的基本工序，最后说明蜡染需要注意的几点问题。授课结束后，给游客每人分发一张纯棉的布、铅笔和蜡刀。老师先以成品引导大家在棉布上画出自己想要的图案，用铅笔加以勾勒，再用蜡刀将自己设计的图案部分遮盖，方便图案成型。最后就是染，这一步大多由老师操作。

三是游客体验。参加“纸会唱歌”活动的多为亲子团和学生团。这个项目体验感较强，亲子团的游客更加愿意选择这种模式的造纸体验。这样孩子们不仅仅有了游玩的乐趣，也从中学习了知识、感受了文化，是寓教于乐的旅游方式。

（3）古纸园

2011年古法造纸园建成，主要功能有古纸生产、纸品研发、文化展示、游客体验。古纸园由古纸作坊群、古纸文化陈列馆展示中心、纸文化艺术家工作室、游客接待管理中心组成。古纸园的目标是研发并生产国内最好的高端书画纸和数字艺术纸系列，园中古纸生产程序仍然采用传统的手工技艺，可供游客参观体验。这些都是古纸园最初建设的意义，但目前已废弃。

图6.17　古纸园艺术家工作室（席禹梅摄）

石桥村古纸园用水引自穿洞。位于古纸园右侧的是两栋艺术家工作室，其中一栋艺术家工作室的专家已搬走，另一栋是韩怀彦老师的工作室。韩老师夫妇是北京人，他们来到石桥村已经5年，主要经营工作室“石桥纸缘斋古纸作坊”，工作室主要生产的是齐白石、傅抱石等画家曾使用过的水墨皮纸，也做照片打印纸，主要生产订单式的高端定制纸张。

在工作室的右边是古纸文化展示馆，里面已经没有展品，仅有2个工人居住在这里。古纸文化展馆右边5米处是接待中心，现已荒废。进入园区，左手边是石桥村古法造纸进行工艺流程的车间，简称“作坊群”，我们隔着窗户看了下作坊群里面的情况，有流程作坊、抄纸坊。作坊群对面就是洗料池和露天甑子（深约2.5米、直径1.85米），一次能煮1千斤构皮。如今已经荒废，杂草丛生，最左侧的尽头是1个公厕。

图6.18　古纸园文化展示中心（席禹梅摄）

3. 穿洞古法造纸遗址体验中心

位于石桥村往凯里方向约1千米的山涧中，主要接待制作花草纸的游客。因为造纸工序烦琐，所以一般给游客准备好可以直接制纸的工具。前期的选料、煮料、漂洗等工序已经完成，游客们只需从抄纸这一工序开始，在工作人员的手把手教学下，将事先准备好的纸浆充分搅拌并亲手进行抄纸，得到一整面用于制作花草纸的纸浆，要求纸浆分布均匀且不能过厚或过薄以免影响成品的质感。然后选取自己喜欢的花草或染料，拼凑出喜欢的图案，再浇上一层事先准备好用于固定图案的浆水。值得注意的是，浆水的浇淋要均匀且不可太过用力，防止图案被破坏。最后，将做好的花草纸放置于架子上晾干即可，如果觉得晾干、晒干时间太久，也可以选择带回纸艺教学中心用机器烘干。

图6.19　穿洞造纸遗址（席禹梅摄）

穿洞由于特殊的地质原因，洞中的钟乳石生长速度很快，发育良好，有美丽的石柱、石笋、石花、石牛等千姿百态的钟乳石奇观，因表面质地柔软更有奇异的触感。洞内冬暖夏凉，游人可用小木船在洞中的溪流上来往穿梭，是清水江河畔独有的溶洞奇观，具有独特的地质科研价值、极高的旅游观赏价值和开发价值，是旅游观光、探奇、考察喀斯特地貌的好去处。

图6.20 洞内奇石（席禹梅摄）

穿洞因有一股天然泉水，洞内冬暖夏凉，夏季站在洞口清风袭来夹带点点水雾，让人倍感舒适，劳作时洞内温度适宜伴有清风也会让人心情愉悦。虽然洞中水资源丰富，且水质特殊，但由于穿洞离居民区较远加上当时交通不便，穿洞最开始是不造纸的，后来造纸厂成立，穿洞被用来进行打纸浆等，是石桥村原造纸厂的遗址，现在成了景点。国家非遗传承人王兴武也在这里开设了造纸的业务，也成了游客体验造纸的中心，可以说，“石桥村的水造就了石桥村的纸”。

图6.21 穿洞造纸摆放（席禹梅摄）

图6.22　穿洞造纸一角（席禹梅摄）

图6.23　穿洞内的纸架（席禹梅摄）

图6.24　穿洞造纸古遗址（席禹梅摄）

图6.25　在洞内看到的风景（席禹梅摄）

二、以古法造纸为依托的其他旅游景点

按照《风景名胜区规划规范》中景源分类的要求，将石桥风景名胜资源分为自然景源和人文景源两大类。自然景源主要为地理地貌景（地景）、水文景（水景）、生物景（生景）三中类。其中，地理地貌景有山景、峡谷、洞府、石林石景四小类；水文景有泉井景、潭池、瀑布跌水、其他水景四小类；生物景有森林、石树名木两小类。合计自然景源中有三中类、十小类。人文景源主要为建筑景、胜迹景、风物景三中类，建筑景中有风景建筑、宗教建筑、纪念建筑、公交建筑四小类；胜迹景中有遗址遗迹、摩崖石刻两小类；风物景中有节假庆典、民族民俗、地方特产三小类。合计人文景源有三中类、九小类。

综上，丹寨石桥古法造纸风景区里共有自然景源、人文景源二大类、六中类、十四小类。现分述如下：

自然景源。(1) 地理地貌景：①山景：喀斯特地貌、穿洞钟乳石；②洞府：内有特色和代表性的石桥穿洞；③石林石景：天然石桥、石桥页岩、龙擦痒、寒武纪化石群。(2) 水景：①泉井：南皋河；②其他水景：穿洞。(3) 生物景：

①森林：风景名胜区内主要森林有万亩映山红杜鹃矮林；②古树名木：主要有构皮树、千年古树。

人文景源。（1）建筑景：①风景建筑：主要有风雨桥；②公交建筑：主要有天然石桥。（2）名胜迹景：①遗址遗迹：大岩脚造纸遗址、穿洞古法造纸遗址、大簸箕苗寨汉墓碑。②摩崖石刻：具有代表性的大岩脚石壁石刻。（3）风物景：①节假庆典：姑妈回娘家、七月半等；②苗族民俗：苗族服饰与民俗、民族节日、苗族歌舞等。③地方物产：石桥白皮纸，历史悠久，负有盛名。

（一）苗族风光

1. 大簸箕苗寨主要人文风景——苗寨建筑

大簸箕苗寨位于石桥景区东部，隶属于石桥村。从石桥村出发沿公路过天然石桥、大岩脚造纸遗址等景点，约 2 千米即可到达。位于大岩脚遗址斜对面，需借助吊桥才可抵达寨内。

大簸箕苗寨寨名苗语称“八基”，意为杉树坡上的寨子。大簸箕苗寨居住的都是王姓的苗族，当地人以“南皋苗”自称。游客从石桥村进入朝南皋乡方向驶入，便可看到一处形似簸箕的建筑群，即大簸箕苗寨。大簸箕苗寨以山骨为架、河流为势而建，寨内青瓦木屋，层次不一，是传统的苗族寨子。

上百户人家聚居在仅 20 多亩的山包上，形如一个圆圆的簸箕，故称之为“大簸箕苗寨”。寨内吊脚楼一般为两层，也有三层、四层，甚至五层。底层用来圈养牲口，设灶房、放农具等，吃饭、住宿、存粮都在二楼及以上。二楼堂屋多设外廊和长椅，供夏天乘凉和妇女缝衣刺绣之用。寨中小道全都由青石板和鹅卵石铺成，形态美观，是典型的苗族传统建筑形式。游客想要在石桥感受传统苗族风情寨，大簸箕苗寨就是一个合适的选择。寨内民风淳朴、建筑具有典型的苗族建筑风格。游客不仅可以在参观中欣赏独特的苗家建筑，也可以在各种苗族节日的时候来此感受纯正的苗族风情。例如当地较为隆重的姑妈回娘家等活动，可以让游客领略不一样的风俗习惯。

图6.26 大簸箕苗寨外景（杨天一摄）

大簸箕苗寨一栋苗族吊脚楼的外墙上有这样一首诗：簸箕风光美如画，河水弯弯绕寨流。鱼米酒香情未了，客在他乡愿久留。还记载了一个故事：“石桥村大簸箕苗寨地址原在大簸箕苗寨对面田坝，寨名簸箕湾，因为河道像一弯月亮绕着这个村寨，那时簸箕湾是个富裕的村子，后来凯里大中有位老人来到这里，骗簸箕湾的人们说：“你们住在这里地形不好，你们都能这样发财，生活得这么好，对面那边（现在的大簸箕苗寨）地形比这里好多了，不如搬到那边去住。”村民们听信了他的谎言，搬过去以后追悔莫及。簸箕湾不久就变成了一片梯田，无法再回去居住。石桥和大簸箕苗寨的王姓原来是有同一个祖先的，两个祖公一个住大簸箕苗寨，一个住石桥，因为吵架而分散，并起了毒誓：“大簸箕到石桥、石桥到大簸箕互相吃酒玩乐可以，但不能过夜，石桥的要回到石桥，大簸箕的要回到大簸箕，不然没有后代。”村民们也只能遵守老人的誓言。

2. 大簸箕苗寨主要自然风光

（1）银子洞

大簸箕苗寨旅游开发长廊处，有几栋吊脚楼伫立在那里，对面山脚下是银子洞。现今的洞口仅够1个8岁左右的小孩弯曲身体才能勉强进去一半。洞口有2个字，已无法辨认。据相关记载，洞口崖壁离地面2米处画有3幅土红色图形，一幅为人骑马，一幅为人直立，另一幅似鸟非人，现也难以确认。有一位老人说："现在我们已经找不到那个洞了，都不知道在哪里了，那个银子洞还有两个字，说是可能是张三丰写的，小时候（1940年左右）去看一个是国，一个是渠，仔细看又不像，有很多笔画，之前很多老师来都没有认出这个字。银子洞现在已经被树木给遮住了。"

关于银子洞，还有很多版本的故事：

传说一：孙悟空偷了王母娘娘的仙桃、仙丹、仙酒等宴品，盗走了很多金银财宝。下凡来到花果山歇一歇，发现崖下有个洞，他抓了抓头发灵机一动，食物可以带走吃，金银财宝搬运太累了，还是把它藏在洞里，那以后怎么找呢？他就在崖上做了个记号，虽经过千万年的风雨侵蚀，但红色的记号依然清晰可见。

传说二：银子洞位于大簸箕苗寨上游的河坎处，洞里黑黢黢的，谁都没有发现洞里面有银子。有一天，一个年轻男子到洞口去砍柴，不小心把柴刀掉进洞里，当他下洞去拿柴刀时，发现洞里面亮晶晶的，他也不知道是什么东西，只觉得有点神奇，他出来后告诉了别人，那人说恐怕是银子，于是他俩决定去洞里一探究竟。刚入洞口，突然听见洞里有声音道："洞里有的是银子，谁借多少就给多少，也要还多少，还银子时自将足数的银子放入洞内。"后来有个人还银子时的时候造了假，他用白碗敲成碎片，装进袋子里扔进洞去，后来人们就再也不能从洞里借银子了，洞口也被封住，只留下了崖画，但到现在都没有人解出画的含义。

传说三：从前有一樵夫，身体健壮，有一天他上山砍柴，不慎将柴刀掉进洞里，于是他下洞去寻找柴刀，却发现满洞都是银子。他贪心大发，把银项圈、银角、手镯、银袍等戴满全身，导致身体变粗、变重，怎么都爬不出来。他只好扔掉金银首饰，在嘴里含一片银子，费了九牛二虎之力才爬出洞口。他回到家后得了一场大病，一直卧床不起，直到用完那片银子，病才好转。

传说四：以前有一个洞里有银子，人们让他去守，并拿一些吃的给他，老人吃完食物就死掉了。后来有一个老人去那里割药草，镰刀掉进去了，他进去看到了很多银子，穿的、挂的都有，他就把这些都挂在脖子上、腰上，到了洞口，洞口就缩小了，出不去，放下银子洞口就变大，反反复复几次都没有拿上来，最后无奈之下拿了一小块含在嘴里上来，洞口就打开了。

几个版本的故事都警示人们诚信的重要性，传递着讲信用的美德。

图6.27　大簸箕苗寨银子洞近景（席禹梅摄）

（2）破山冲

关于破山冲流传着这样一个故事：以前，破山冲峡谷里面不知道是什么东西成精了，会经常变成一个漂亮女人出来赶集。人们问她是哪里的，她就说她住在破山冲，但是破山冲没有人家，到那里问也没有这个人。于是人们说，下次她来就悄悄在她身上做个记号，看看是什么。有人悄悄地在她的衣服上留了一根绣花针，后来去破山冲，就看到绣花针插在树上，也有说法是插在石头上。

图6.28 破山冲大石壁（席禹梅摄）

图6.29 枯水期的破山冲瀑布（席禹梅摄）

（二）山水奇观

1. 喀斯特风光

石桥村境内多喀斯特地貌，能让游客感受大自然的鬼斧神工。喀斯特地貌是具有溶蚀力的水对可溶性岩石进行溶蚀作用等形成的地表和地下形态的总称，又叫岩溶地貌。除溶蚀作用外，还包括流水的冲蚀、潜蚀以及坍陷等运动过程。亿万年来，流经石桥的河水在钙质页岩中冲刷穿凿，雕刻出悬崖峭壁、溶洞、石桥。劲水与岩石的冲撞与消磨，使石桥村的喀斯特地形更别有一番景致。

2. 天然石桥

天然石桥位于石桥村大岩脚造纸遗址旁，距村委会有 500 米左右。石桥是天然形成的桥形状建筑，因此得名。天然石桥横跨南皋河，桥高 8.25 米，宽 10.3 米，跨度 11.3 米，厚 3.4 米，底空距水面 4.9 米。上文记录的关于石桥村的传说不仅表达了龙王信仰的习俗，寄托了人们对美好生活的向往，表达出人们惩恶扬善的愿望，也给旅游者带来了趣味。

图6.30　天然石桥正面（席禹梅摄）

图6.31　天然石桥背面（席禹梅摄）

也许是受到天然石桥故事的启发，现在石桥村要过“祭桥节”，一般在每年二月的猪场与兔场这两天。谁家的小孩不乖（不顺利），就用两三根粗木头去不便通过的地方搭座桥，使过路的人走起来方便。并提前准备好糯米饭、红蛋、鱼，用红、绿、黄、白纸混合着裹在竹竿上，到了那一天上午，在天刚拂晓时赶到桥边摆好准备的东西，等候那天最早的路人一起饮酒，引人祝愿、保佑小孩平安成长、长命富贵、健康长寿。

3. 石桥页岩

石桥村的地质属寒武系凯里组，距今 5.4 亿年至 4.9 亿年，是地球生命演化史上最重要的地质时期，这一时期首次出现了以三叶虫为代表的带壳（硬骨骼）生物，呈现生物多样性的爆发式发展。寒武系凯里组是一个跨早中寒武世的岩石地层单位，约在寒武系晚期“浮出水面”。其底部以灰色白云质灰岩、白云质泥岩与灰黑色中薄层白云岩的清虚洞组为界，含有大量底栖生物，又含有浮游生物，三叶虫十分丰富，由下而上可分为 3 个三叶虫带，石桥地区属于顶层带。而石桥页岩，从石桥村村委对面开始直至天然石桥均可游览、观看。

图6.32　石桥页岩（席禹梅摄）

4. 龙擦痒

在石桥页岩的下方，也就是石桥村风雨桥下边一处大岩壁上，岩壁往里收缩，形状类似一帘弯弓，河水从旁流过，这里就是“龙擦痒”。顾名思义，这个命名也与翁敖这只龙有关。相传在翁敖和翁方竞争龙王的过程中，翁敖一路奔波到这一带，停留在岩壁处擦痒从而形成了岩壁向内收缩的痕迹。因此，石桥村的人们形象地将其形容为“龙擦痒”。

图6.33 石桥“龙擦痒”（席禹梅摄）

5. 寒武纪古生物化石群

石桥景区处于第一批国家重点保护古生物化石集中产地——贵州黔东南化石产地。三叶虫化石，古称“燕子石”“多福石”“蝙蝠石”，三叶虫化石曾经深藏在古生代沉积岩中，又在数亿年沧海桑田的板块挤压中被抬升到地球表面。石桥三叶虫化石在形如书页的岩石中，它们不仅记录了地球的变迁也记载着物种的起源，被称为“地球的书签”。游客来到石桥村体验手工造纸之后，也可以亲身体验挖掘化石。在距离石桥村两三千米的地方，有一处山丘专门供游客在这里体验挖掘化石。挖掘完全依靠游客自身，挖到的化石也可以带走。

图6.34 寒武纪三叶虫化石（席禹梅摄）

第三节 石桥村传统村落的旅游发展

党中央将“产业兴旺、生态宜居、乡风文明、治理有效、生活富裕”作为实施乡村振兴战略的总要求，涉及乡村经济、文化、生态、社会、制度、供给、城乡融合、城乡联动、社会服务等方面的内容。由此可见，乡村全面发展是乡村振兴的战略目标。旅游业作为传统村落发展的途径，是我国乡村振兴战略背景下新的经济增长点。而石桥村作为少数民族传统村落，则宜以现有的生态条件和各类资源作为旅游发展的依托，全面促进乡村发展。虽然石桥村现今的旅游发展拓宽了农民的收入渠道，也加速了石桥村的发展，但是其所带来的诸多问题仍然需要我们再思考。

一、石桥村古法造纸的生态特征是发展旅游的宝贵文化遗产

（一）造纸原料天然

造纸所用原材料为构皮麻，其适宜生长环境为喀斯特地貌，石桥村为典型

的喀斯特地貌，造纸原料丰富且充足。构皮麻具有纤维均匀细密、韧度强、成浆率高等特点。因此，在纸张的制作上选用这种树皮做出来的手工纸相对更好一些，而且满山遍野的构皮树也是天然原料的首选。

（二）原生态的造纸设施

石桥村古法造纸利用丰富的构皮麻和优质水质的条件，在山崖或者天然岩洞里设槽造纸。例如穿洞古法造纸遗址和大岩脚古法造纸遗址，都是依据各自不同的地理位置以及周边环境建立了造纸厂房，并没有大兴土木地在村子里修建大型的造纸场所。而大岩脚和穿洞这两个地方除了纸焙房外，没有其他厂房，所有的工序都是手工完成。因而具有作坊简易、投资小、易于操作、无污染等优点。同时，这里也成为石桥村的景点之一，给游客提供以手工制造为主的游览体验。

图6.35　晾晒纸张（杨天一摄）

（三）手工技艺

石桥村苗族以古老的造纸技术，利用当地丰富的原料，融入苗族文化元素，经过几十道工序，最后成纸。因此，一张简单的白皮纸从原料加工到成纸需要多道工序。复杂且更为优质的迎春纸等则需要更烦琐、更细致的手工工序才可完成。所有造纸生产技艺仅仅凭借师父言传身教，一般要 3 ～ 10 年才能熟练掌握。其中，原材料加工采用日晒、水漂、雨淋、露练等方法，全凭手工制作，不使用任何现代工具，具有明显的手工工艺特征。

图6.36　纸张制作过程（杨天一摄）

（四）产品优质

石桥村古法造纸相较于现在的工业纸虽然工序烦琐、耗费时间，但是由于其喀斯特地貌的特有植被和当地水质的影响，石桥村所造的皮纸具有纸质洁白、柔韧性强、光泽度高、吸水性好、保存时间长久等优点，这也是白皮纸润墨性能优良的主要原因。因此，石桥村的白皮纸也是书画创作的极佳纸品。此外，石桥村的纸也被国家博物馆用来做古籍修复纸。

“保护生态环境就是保护生产力，改善生态环境就是发展生产力”，乡村振兴战略秉持生态保护优先原则，同时，“生态宜居”也是乡村振兴建设的发展要求。[①] 生态保护与文化保护也紧密相关。因此，对于石桥村而言，实现生态环境的保护，也是对石桥村古法造纸文化的保护。从石桥村古法造纸的生态特征我们可以看出，石桥村造纸源于自然，取于自然，这也造就了石桥村纸张纯天然的特性。

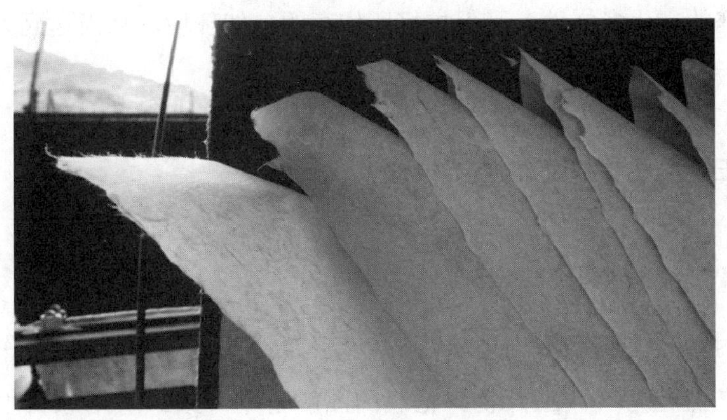

图6.37 白皮纸（杨天一摄）

石桥村不仅是当地人安身立命的场所，同时也是当地人对造纸文化进行不断实践的场所。人们利用当地的自然条件，在造纸这一过程中，将自身能力和生活需求都融入其中。因此，石桥村并不是一个孤立的存在，其造纸文化与这一地区的经济、文化、环境都有着密切的关系。

① 周涛、周真刚：《乡村振兴战略下民族特色村寨的可持续发展：以四川省阿坝州民族特色村寨为例》，《中南民族大学学报（人文社会科学版）》2019 年第 5 期，第 27-32 页。

石桥村依托原生态的造纸技艺，在实现对生态保护的同时也保护着村寨文化。当下社会现有规划及政策强调整体保护理念。国务院印发的《乡村振兴战略规划（2018—2022年）》提出“维护原生态村居风貌，保留乡村景观特色，保护自然和人文环境”，国家民委下发的《少数民族特色村寨保护与发展规划纲要（2011—2015年）》提出“保持民族村寨的建筑风格以及与自然相协调的乡村风貌”，这两个文件对传统民族村寨进行整体保护的理念具有一致性。从早些年注重保护历史价值建筑和名胜古迹，今天强调村寨保护还应包括传统民居及周围生态环境的保护。由此可见，在整体保护理念下，石桥村也应以古法造纸文化作为保护重点，以民族文化保护、生态环境维护作为协调，既保护好整个村寨的文化多样性，又保护好所依存的自然环境，从而达到人与自然统一和谐的效果。

二、石桥村古法造纸的旅游价值

（一）传统技艺价值

石桥村苗族先民利用当地构皮树以及独特的水资源为原料制作的古法造纸，其工艺流程与《天工开物》记载的图解基本一致。所用原料主要是构皮树（当地称之为构皮麻），与东汉蔡伦改进用纸所用原料较为相似。因此，游客在体验造纸的同时可以亲身感受传统技艺的源远流长，也可以领略中国传统文化的博大精深。

（二）旅游娱乐价值

1. 自然景观独特、气候宜人

景区以古纸文化传承区为核心，集古纸文化、苗族风情、山水奇观、田园风光和寒武纪古生物化石群等多种旅游资源为一体，气候宜人，是天然的避暑胜地和观赏游憩之所。

石桥村页岩是一个跨早、中寒武系的岩石地层单位，距今5.4亿年至4.9

亿年，是地球生命演化史上最重要的地质时期，极具科研价值。石桥村景区处于第一批国家级重点保护古生物化石集中产地“贵州黔东南化石产地”最富集地带，极具科考价值。穿洞是景区的著名景观，洞内有石柱、石笋、石花等钟乳石景观，神秘而美丽。

图6.38　大簸箕苗寨风景图（李世乾摄）

2. 独具民族代表性的人文景观

石桥村委门口的风雨桥是苗族建筑中最具特色的民间建筑之一。石桥村大簸箕苗寨属于三级旅游资源，保存完好的苗族吊脚楼错落有致，寨子四周是层层梯田，具有浓郁的苗族风情。苗族的芦笙舞、铜鼓舞等历史悠久，大多在年节、集会、庆贺等喜庆时刻表演。这些独具特色的风俗和建筑是游客们体验苗族风情、感受苗族文化的最佳选择之一。石桥村纸街可以说是石桥村最古老的造纸传承地，纸街上基本家家户户都有造纸的经历。因此，纸街上也流传着“纸街人人是纸匠，古纸传承美名扬”的说法。游客们不仅可以在纸街观赏古法造纸的完整流程，也可以在纸街亲身体验造纸的乐趣，创作出属于自己的独一无二的花草纸。

图6.39　石桥村风雨桥（席禹梅摄）

3. 特色农家乐、美食健康、风情独特

石桥村内沿河修建的农家乐，都是独具特色的苗族吊脚楼建筑，游客们在品味苗家特色美食之余，还能观赏河道风景。苗锦、苗绣是苗族民间传统手工技艺，2006 年 5 月 20 日，苗绣经国务院批准被列入第一批国家级非物质文化遗产名录。特色工艺品交易长廊展示着蜡染、苗绣、银饰等 7 个国家级非物质文化遗产。如果想了解更多关于苗族建筑和风俗的情况，游客也可以选择深入大簸箕苗寨，探寻神秘而又丰富的苗族文化。

游客在石桥村古法造纸文化景区游玩的过程中，不仅可以直接参与造纸、捕鱼、挖掘化石等具有地方特色的活动，还可以观赏独特的山水奇景和各类民俗艺术表演。不仅可以深入了解当地社会的发展状态、民族文化，还可以使自己在长期工作或学习中的压力得以释放，满足精神享受的需求，从而达到娱乐身心、放松自我的目的。

图6.40　石桥村苗家农家乐（张任辉摄）

（三）历史教育价值

2014年，石桥村古法造纸技艺申报世界文化遗产，具有极高的历史文化价值和科学价值。傅抱石、徐悲鸿、黄君璧、黄耘石等众多绘画大师所使用的都是丹寨石桥村白皮纸，说明石桥造纸技艺之高超和质量之好。石桥村被誉为古法造纸“活态博物馆”，被称为“中国古法造纸之乡”。大岩脚古法造纸遗址是省级文物保护单位，岩壁上有清代乾隆、嘉庆、咸同年间的文人墨客所作诗词，具有极高的史料价值。石桥村古法造纸是珍贵的历史遗存，是中国古法造纸的缩影，折射出丰富的历史文化内涵。正是这些造纸技艺的流传和保存，使古法造纸具有历史研究和教育的价值。游客可以通过体验古法造纸，亲身感受历史技艺遗存的魅力。

《中共中央 国务院关于实施乡村振兴战略的意见》指出“立足乡村文明，吸取城市文明及外来文化优秀成果，在保护和传承的基础上，创造性转化，创造性发展，不断赋予时代内涵，丰富表现形式”①。实施乡村振兴战略及包含的一系列新理念、新思想，是我们党“三农”理论发展的最新成果，也是我党在新的历史时期的又一伟大举措。

乡村振兴战略的实施不仅给少数民族乡村地区的经济发展指明了发展方向，也为新时代背景下少数民族特色村寨的发展勾勒出宏伟蓝图。在这一背景下，民族村寨不仅仅是民族地区居民赖以生存和生活的聚居单元，更是传承和展示各民族文化的载体和空间。

石桥村作为传统民族村寨，不仅拥有自然风光、田园景观、生态环境、历史遗迹、民俗文化、民族风情等，还拥有品牌符号响亮的古法造纸作为文化支撑点，而这些都是能够与旅游业进行互动与融合的丰富资源。石桥村目前的旅游内容、形式以及旅游产品反映出石桥村旅游产业发展水平还比较低。

近年来，民族村寨以其良好的生态环境和浓郁的民族风情吸引着游客，各地民族村寨旅游都十分火热，成为旅游业新的增长点，为民族地区社会经济的发展做出了极大的贡献，同时也为我们如何建设好乡村旅游提出了新的要求和考验。

三、石桥村古法造纸文化旅游的发展路径思考

（一）现实问题

1. 古法造纸文化景区的不完善

首先，石桥村古法造纸文化景区旅游服务水平较低，现有的旅游服务设施无法支撑旅游业的规模化、产业化发展。

---

① 中华人民共和国中央人民政府：《中共中央 国务院关于乡村振兴战略的意见》，《人民日报》2018年2月5日。

其次，风景名胜区各景区之间发展不平衡、缺乏必要的景观联系和整体旅游规划。石桥村景区内的喀斯特地貌以及传统苗寨等不少代表性旅游资源没有被充分挖掘和开发，游客来到石桥村基本都是以手工体验为主，其余的景点和民俗活动基本都被忽略。

再次，旅游体验度不深。大部分旅游团只是走马观花的游玩，并没有充足的讲解和介绍。甚至有些旅游团都不会告诉游客石桥村还有其他景点。旅游形式单一，缺乏文化吸引力，不能刺激游客持续消费。

2. 石桥村造纸文化的衰落

乡村振兴战略提出了“乡风文明”建设，“乡风”作为乡俗文化，其保护对于传统社会内生秩序的延续以及稳定性的保持是不容小觑的。[①] 传统村落文化也不仅是村民世代相传的原生态文化，更是活在民间的一种活性传承形式。费孝通先生曾经说过，农民是扎根土地的，而农民所生活的传统民族村落也必然产生于乡村的农耕生活。传统民族村落必然带有浓郁的地方特色，呈现出一种淳朴而又自然的民间生活形态。

但是笔者发现，对石桥村本地本民族文化内涵的压缩、简化甚至放弃，似乎都是由村民自身的行为，村民主动放弃传承本民族传统文化，成为当地文化难以得到有效保护的重要原因。

随着近年来旅游开发规模的扩大，旅游开发对原生文化的冲击也越来越强，商业化氛围渐浓，乡土气息逐渐消失。石桥村作为传统民族文化村落，其自身蕴含着丰富的民族文化内涵，但原本以解决贫困、发展经济为目的的旅游，却也造成了民族文化的消逝。以石桥村纸街为例，当地各家虽然依旧认同自己为苗族，也有部分人家仍然坚持着苗族的传统手工艺（刺绣等），但是大多数人家生活方式中的民族特性已经不明显了。

---

① 《乡村振兴战略下民族特色村寨的可持续发展：以四川省阿坝州民族特色村寨为例》，《中南民族大学学报（人文社会科学版）》2019 年第 5 期。

3. 对民族特色村寨的文化冲击

笔者发现，整个石桥村除了大簸箕苗寨外，石桥村新村、石桥纸街已改变了原有的居住功能，变为以旅游为主的景区。为了向游客提供服务，即便是一些标志性建筑也被当地居民改造，转变为统一规划的房屋，这些活动造成对原有建筑风貌的损害。

在传统建筑群中新修的一些房屋，由原来的石木结构变为砖混结构，村民们都急于改造村寨，建设新的旅游设施以迎合当今的旅游市场。越来越多的村民认为老村寨不再有价值，传统的民族建筑不再安全，传统民居逐渐被替代，整齐划一的新房悄然而起，代替了古老的旧村寨。

（二）古法造纸文化符号的品牌化构建

以古法造纸为品牌的旅游文化符号再强化是石桥村需要长期坚守的。在旅游产业发展中，以往以自然风光吸引游客的做法已经不能够满足旅游者的需求，文化旅游的重要性进而凸显出来。石桥村古法造纸虽然已经成为国家级品牌，但是由于缺乏统一的管理及落实，对其特有的“造纸”文化内涵及特色挖掘深度不够，整体品牌效应并没有形成。旅游环境、文化旅游产品及表现形式等方面也并未满足游客对古法造纸的体验需求。

1. 树立以纸街为核心的古法造纸文化旅游符号

石桥村在原有老街的基础上，根据以往旅游景区发展经验已经形成了初具商业规模的纸街，整个纸街内共有 4 家出售已经制作完成的纸产品，1 家苗族传统服饰、传统扎染体验中心。直至今日，古法造纸虽然在全国很多地方都有遗存，但是作为历史最为悠久的造纸遗址之一，石桥村可借此继续打造属于自己的品牌形象。例如其作为国家博物馆和图书馆修缮文物的指定用纸，已经成为行业公认的顶尖的成品纸。而花草纸作为游客们最易接触和制作的纸张，也应该加大宣传力度。这样一种集商业、展示、手工体验为一体的旅游模式，已经成为石桥村现今旅游业发展的主要手段。

2. 开发深度体验旅游目的地——大岩脚、穿洞古法造纸遗址

石桥村应以造纸文化为旅游发展的核心，抓住传统手工造纸的旅游契机，将大岩脚古法造纸遗址、穿洞古法造纸遗址作为游客造纸体验的标志性旅游目的地。通过遗址作坊的保留以及传统造纸技艺的亲身体验，一方面，将石桥村古法造纸中的造纸文化以亲手制作的方式讲述给每一位游客，在游客脑海中留下文化印记。这样，整个景点不再是传统意义上的旅游景点，它其中所蕴含的文化就凸显了出来且被人熟知；另一方面，遗址是记忆与历史的沉淀，是对造纸文化历史文化方面的根本追溯，遗址成为石桥造纸文化符号的标志。

3. 整合大簸箕苗寨苗寨风情旅游资源

整个石桥村其他的景点应在以造纸文化为依托的形式下被利用起来，积极整合石桥村旅游资源，开发和增加吃、住、行、游、购、娱等项目。如利用大簸箕苗寨现已经修建完成的铜鼓场，开展芦笙祭祀乐舞、锦鸡舞等节日展演活动。

（三）发展路径思考

1. 以保护为主的开发思路

石桥村旅游业的发展为封闭和相对落后的传统村落提供了经济增长和文化发展的契机。经济收入增长、生产生活条件有所改善、文化自信的增强、文明程度的提高以及传统文化的延续等都体现出旅游发展所带来的变化。

但是，石桥村在旅游发展上经验的缺乏、政府支持力度的不足，使得旅游发展并没有呈现出繁荣的景象，而传统村落文化却多多少少发生了变异。例如旅游的发展带来大量的外来文化，不仅使得石桥村原有的生态文化环境遭到破坏，也使得石桥村现今的文化旅游开发呈现碎片化模式。另一方面，由旅游业带来的主体利益分配不均，也造成了社会关系紧张现象的出现。旅游业带来的利益关系打破了世代传承的村寨血缘、地缘和亲缘的关系，在“功利主义”思想的影响下，村寨原有的人情关系逐渐淡薄。

因此，石桥作为民族村落发展文化旅游应采取保护性的开发。这是民族村

落旅游开发的关键思路，它不仅为民族村落文化生态化进程提供了可能性，也平衡了旅游发展与传统文化传承保护的关系。

2. 加强石桥村村民造纸文化意识的引导

在旅游开发之前，石桥村人对于手工造纸的印象，仅仅停留在手工业的层面上，未意识到传统造纸文化的文化价值及意义，造纸技艺也呈现出衰落的迹象。随着旅游业的开发与建设，外来游客不断涌入石桥村，带来了多方面的旅游需求，其中最为主要的便是古法造纸，使得造纸文化迎来了新的春天和生机。旅游业的发展促进了当地的经济发展，也拓宽了收入渠道，当地居民不仅感受到旅游业带来的经济效益，也使得村民对本地区传统造纸文化的独特性和价值有了新的认识，应有意识地引导村民建立文化自信。另一方面，很多村民们开始思考古法造纸能否传承下去，政府应该及时加以引导。

3. 整合石桥村及周边特色旅游资源

要加强对特色风景资源的开发利用和实现区域风景资源的联动协作，构建与周边风景旅游资源，特别是黔东南区域旅游资源的良性互动和循环补充。如可联动打造丹寨龙泉山、万达小镇—九门村—清江村—偿卡村—石桥村作为整体旅游线路，开发几日游、过夜游等旅游项目。同时，增加几个周边地区的旅游通达性，如增加从贵阳直达周围村寨的旅游巴士。多渠道增加联动旅游的宣传、设计，整合周边旅游资源，让游客引得来、进得去、留得住。

第七章　传统村落发展与展望

第一节　石桥村社会、经济、文化的发展情况

石桥村有着良好的生态环境、得天独厚的地理位置。从南皋河的流向来看，整个地形呈阴阳八卦状；从石桥村的山脉、地形上看，3 条山脉向石桥村聚拢，都说是“龙脉之地”，地势低平，是上好的“风水宝地”；从生态条件上看，石桥村依山傍水，是适宜人们生活的好住处。

石桥村有着流水型独特的喀斯特地貌自然风光，随处可见片状堆叠的岩石和大石壁，形成独特的岩壁风光，故事、传说则赋予它们神奇的文化内涵，成为石桥独有的自然地理景观和人文景观。

石桥村的发展离不开水资源，石桥村地处南皋河上游地段，全程 500 米，河流满足了人们正常的农业生产和日常生活用水需求，还满足了造纸的需求。在石桥村，人们修建池子抽水打浆造纸、泡蒸好的纸料、洗料和拣纸渣……都离不开河水。石桥村不仅有丰富的河水资源，还有丰富的山泉水资源，地下温泉水更是充足，温度达到 62℃，是泡温泉的最佳水温。每个自然村寨都有各自的天然水井或人工水井，水质干净、含沙量小，现在都打造为水库，供应人们的日常生活和造纸之用。

石桥村是个民族杂居较早的地方，目前已有姓氏 18 种。各民族在生产生活、文化交流中相互影响，文化相互融合，形成浓厚的杂居特点，比如客家的地房和苗家的吊脚楼，不同的建筑风格在石桥村纸街上排列着，这都是民族融合的特征。石桥村民风淳朴，村民家风良好，勤学尚书，社会治理有序，村民

团结友善。在多民族、多姓氏杂居的情况下，造纸把村民紧密地连接在一起。民国时期，石桥村因为造纸成为富甲一方的村庄，后来建了造纸厂以及造纸遗址传承点的出现让石桥村造纸的名气越来越大，来石桥村参观的人也越来越多，石桥村开始办起了旅游产业，建起了相关的服务设施，很多农户和造纸户都办起了农家乐。

石桥村的产业主要以农业和古法造纸业为主，并且带动扶贫产业和旅游业的发展。近年来，农业发展依托石桥纸香、黔山古法造纸及太平凯燕 3 个产业扶贫专业合作社，因地制宜持续推进农业结构调整。古法造纸业的发展由石桥村黔山古法造纸合作社牵头，集中管理，寻找销路及联系生产原料，农户参与、合作社负责生产的模式，有效带领群众脱贫致富，让石桥村产业得以发展。古法造纸作为整个石桥村生态、经济、旅游、文化发展的一个重要纽带，可以说，提高了村里的就业率、增加了村民的经济收入、带动了旅游发展，形成地区的地域性记忆。

石桥村有着独特的地貌特征、悠久的古法造纸技艺、浓厚的苗汉民族风情等优越的旅游资源条件，古法造纸产生、发展、传承和独特的地形地貌是石桥村旅游经济发展的主要成分，丰富的民族风情是石桥村发展旅游经济的关键因素。随着时代社会经济的发展变化，石桥村在民俗文化与现代文化、历史文化与当代艺术、观光旅游与文化体验、传统农业与新兴产业中融合、交流与碰撞，推动着石桥村旅游业的创立与发展。总而言之，石桥村的经济、社会、文化在发展中联系紧密，相互促进、相辅相成，推动了石桥村的整体发展。

第二节　石桥村发展中存在的问题

石桥村在历史发展的长河中，各方面不断地进步，尤其是石桥村的古法造纸产业及纸文化的发展，吸引了一批又一批国内外游客。古法造纸也积极选择与旅游项目结合发展，主动与商品市场接轨，在景区展示造纸工序、销售纸产品。近年来，石桥村因造纸获誉颇丰，然而随着时间的推移，古法造纸产业的发展及其文化传承、纸文化与旅游的结合、政府引导下的新兴扶贫产业、村民自身的文化自觉自信、环境生态保护等方面的问题也凸显出来。

一、古法造纸的带动作用尚未充分发挥

（一）经济方面

随着城镇化发展步伐的不断加快，越来越多偏远地区的人们期望到发达城市发展，石桥村选择外出务工的人变为主流，留下的青壮年劳动力较少。如今，石桥村从事造纸的匠人大都年龄偏高，传统技艺的传承堪忧。很多村民都说“我家以前造纸，现在不造纸了”，主要是因为造纸费工费时，一个造纸户最少需要 4 个劳动力，而大多造纸户在农忙时还需要种田地，有的造纸户觉得造纸不赚钱，更愿意选择去城里打工。造纸工序繁杂，很是辛苦，尤其在冬天，抄纸、到河里拣料、浸泡构皮树等工序做起来都十分艰苦，长期接触冰水影响身体健康。石桥村大多以家庭为单位，制作由手工完成，纸张产量基本不变，产量少、规模小，使用纸张的人群也基本固定。石桥村古法造纸的技艺传承上千年，工艺复杂，主要是靠口头传授，很少有相关的书面传承资料。

据调查所知，学习基础的古法造纸技艺一般需要 3 年，掌握精细的手艺需要 3 ～ 6 年，掌握书画纸和迎春纸的技术则需要 6 ～ 10 年的时间。相比白皮纸与花草纸，书画纸与迎春纸的制造无论是对材料还是对工艺要求都很高。现在，石桥村的造纸户大多生产白皮纸与花草纸，掌握书画纸生产技法的人屈指可数，真正掌握造迎春纸的技术的也只有王兴武及长期在他家造纸的师傅。正因为耗时长、步骤工序繁杂、技术要求高，村里大部分年轻人都不愿意花费这么长的时间来学习这门手艺，也不愿意在村中继承祖辈的手艺。最为重要的是，造纸技艺的掌握不仅需要努力学习，还需要学习者具备一定的造纸天赋，学习者对造纸怀有热情是快速领悟造纸技艺的重要因素之一。目前，石桥村的造纸匠人们大多年龄偏高，继承人越来越少，古法造纸在将来的发展中随时存

在人逝技绝的危险。

石桥村的造纸户对造纸设备的保护意识不强，如制作花草纸的木桌子、纸帘、纸浆槽等都没有做到长期的循环利用，木桌子在阳光暴晒和风吹雨淋的环境下容易坏，造纸户没有做好对造纸工具的保护，最终导致设备产生损坏和资金浪费。

图7.1　大岩脚古法造纸遗址露天摆放的纸帘（席禹梅摄）

（二）传承人的观念

石桥村的古法造纸要得到发展，必须充分发挥传承人的作用。这些传承人不仅是指国家级、市级、县级传承人，还有从事造纸的所有匠人。为了石桥村的发展和古法造纸技艺的传承，政府应该做好相关引导。但据笔者所知，村里面真正能做到传承造纸技艺、传播造纸文化的造纸户寥寥无几。目前，只有以王兴武、潘玉华、王伍生等人为代表的造纸户对造纸技艺与文化的传承较为重视。

王兴武的几个徒弟都在他家工作，一方面有利于家庭造纸产业做大，另一方面利于匠人的技艺精细化。潘玉华说："把造纸产业做大，就是招传承人的方法。"潘玉华现在不招本地徒弟，他认为本地徒弟学习造纸有很多局限因素，他把收徒弟转换成师生式的传承。他在2018年收了4个徒弟，一个安徽黄山人、一个广西阳朔人、一个浙江温州人和一个重庆人。目前，他们自己创作纸产品，已经开起了店铺。他们有情怀、有知识、有资金、有经验，这些条件的结合使他们学习造纸都会很用心。这是潘玉华在传承、发展石桥村古法造纸技艺及文化的一套独特的收徒方式，可见潘玉华对石桥村古法造纸传承的远见及思考。同样，王伍生对石桥村的古法造纸技艺传承也有自己的见解，他收徒弟的原则是"学习者对造纸必须充满情怀"。

然而，石桥村很大一部分造纸匠人缺乏技艺传承意识，对纸文化了解不够。尤其是加入合作社的或者是自己负责营销的造纸匠人们，生产的纸大多由合作社带头人王兴武负责销售，有严重的依赖性，仅仅负责造白皮纸，也没有自己专门的店铺。只是把造纸简单地当作一种赚钱的生计方式，缺乏造纸情怀，更缺乏技艺的传承意识。造纸一方面是为了经济收入，但从长远发展来看，技艺和文化传承尤为重要。而这些造纸匠人恰恰忽略传承，埋头自己抄纸，这是石桥村古法造纸存在的一大问题。

（三）村民对造纸传承认知不充分

调查所知，石桥村中除了大簸箕苗寨的村民，凡是20世纪90年代以前出生的村民有80%都会造纸，只是技艺方面有所差别。石桥村现在的造纸有"合作社"经营，也有个体私营。村民普遍说，现在石桥村最大的造纸户主要是王兴武家、潘玉华家、王伍生家，其余造纸户只能解决自己的生活问题，大部分的人已经把造纸的手艺丢弃而去外地打工。他们认为，现在的造纸户如果没有政府的补贴很难发展起来。很多村民会造纸但是不造，除了经济原因外，还因为他们对造纸缺乏深层次的认知，对造纸的发展持悲观态度。村里不从事造纸的中青年人认为"造纸就是为了生活"，没有考虑到造纸具有更深层次的意义。石桥村的古法造纸能传承至今，正是因为石桥村一代代人对造纸的情怀。造纸不仅带来了经济收益，同时也加快了石桥村与外界的沟通与交流，对石桥村的各个方面发展都有重大影响。

（四）受到工业纸的冲击，市场需求小

随着工业造纸的发展，工业纸张低廉的价格使得石桥古纸的处境日益艰难。低成本和短周期的机器化大批量生产，使机器纸以手工纸无法比拟的价格优势迅速抢占市场。相比工业造纸，石桥村古法造纸不仅生产周期长（需要30天左右），而且造纸工序大多是手工，难以大批量生产。

石桥村在20世纪30年代到20世纪50年代有80%的农家户都在造纸，那时没有便捷的交通，天气好时造纸户都会在河边上拣料，把构皮料扎成一捆一捆地理出来在河中浸泡，造纸成为石桥村民重要的经济来源，村民们对造纸也充满着热情。当时，纸产品经商人购买后远销贵阳、都匀、遵义、铜仁、四川、湖南、武汉等地。改革开放以后，石桥村的纸产品走向了国际道路，打开了国外市场，纸产品更是远销日本、意大利、美国、法国、英国、澳大利亚、东南亚等国家和地区。同时，国内对石桥村纸产品的需要也有所增加，国内各高校都在使用石桥村造的纸，其中书画纸的销量较高。随着时代的推进，石桥村纸产品的命运发生了根本性的改变，根据调查，村里不再生产纸的造纸户较多，因为在工业纸未普及前，手工纸张有更广的销路，虽然销量有限，但是大多造纸户依然有利润，但在工业纸的冲击下，石桥村原来的造纸户被“击垮”了一部分。传统手工艺本质上是农业文明的产物，当人类进入工业社会的时候，工业文明对它的冲击是不可避免的。

石桥村基本以古法生产白皮纸和花草纸为主，此外在书画纸和古籍修复用纸的研发和生产方面较为突出，也深受很多消费者的青睐。而白皮纸没有鲜明的竞争优势，很多造纸户都在制作纸浆来销售，这也是一种产业模式，但是销量有限。总之，石桥村的纸受到工业纸的冲击大，纸产品用途有限，营销还停留在“酒香不怕巷子深”的模式上。

（五）纸文化与旅游发展契合度不高

农村绿色可持续发展需要发展多样化的乡村旅游，石桥村的旅游契合造纸技艺与文化，主打体验式旅游的线路。乡村旅游发展是推动农村绿色可持续发展的重要业态。发展乡村旅游不仅体现在大的方面（如经济、社会、文化和生态功能），还体现在扩大就业、保护自然生态环境，传承乡土文化等诸多方面。

石桥村的旅游是依赖古法造纸这张名片发展的。石桥村的古法造纸文化助推了旅游业的发展，旅游业的发展也极大地宣传了石桥村造纸技艺和纸文化。两者相辅相成，才能助推石桥村社会、经济、文化等各方面的发展，才能更有效地宣传和保护古法造纸技艺，弘扬传统文化。石桥村的旅游业在发展的前两年取得了不错的成效，据村委会资料显示，发展旅游初期来石桥村的游客很多，而且旅游经济收益可观。石桥村当时开有 16 家农家乐，甚至普通农户也接待少量游客，游客来得多时，石桥村甚至接待不了。当时，石桥村旅游的发展对整个村寨各方面都有带动作用。

石桥村在旅游发展初期，纸文化和旅游有较高的契合度，有许多外地人来石桥村学习体验造纸、买纸。渐渐地，来石桥村的人越来越多，政府看到这种现象，经协商开发石桥村的旅游。来石桥村的游客在体验造纸、传播纸文化的同时带动了石桥村尤其是农家乐经营者的经济收入。游客来石桥村学习造纸，一天学不完整个过程，了解造纸流程、体验制作花草纸、学习造纸理论知识，半天就可以结束。村里负责接待游客的村民也会根据特殊的情况举行一些活动，比如在夏季组织游客体验抓稻田鱼，由村民做特色的酸汤鱼给游客品尝。第二天早上带领游客上山采集化石，石桥村有很多古生物化石，尤其是“三叶虫”化石较多，具有很高的珍藏价值。下午让游客观赏大簸箕苗寨的吊脚楼及他们的优秀传统工艺，如刺绣、织布、染布等。晚餐就安排在大簸箕苗寨的村民家，让游客感受村民的热情。据笔者所知，曾经有一个深圳的亲子团到石桥村旅游，负责接待的村民为了满足游客的需求，带游客到更偏远的苗寨里体验生活、写生。这些都可以反映出石桥村刚开始发展旅游时生机勃勃的景象，不仅带动石桥村旅游经济的发展，也激发了村民的积极性，增强了石桥村村民的文化自信，扩大了石桥村与外界的联系。尤其是大大创造了石桥村与各地区民族之间的交流，展示了石桥村的民族风情，传播了石桥村的古法造纸文化。

石桥村的旅游业也属于扶贫产业。随着宣传力度的加大，石桥村吸引着越来越来多的国内外游客前来观光游览，村民主要依靠古法造纸文化旅游产业来脱贫致富。石桥村旅游扶贫实行“公司 + 合作社 + 农户 + 旅游”的产业模式，主要做好“旅游 + 文化”“旅游 + 服务业”和“旅游 + 扶贫”的内容，石桥村旅游扶贫工作推进良好，发展旅游产业成为群众脱贫致富的有效手段，从四个方面大力推进：一是抓好景点景区建设；二是抓好传统民族村落保护，着力解决水、电、路、通信等问题，完善旅游基础设施的同时，改善贫困地区和传统民族村落的生产生活条件，实现旅游发展与脱贫攻坚双赢；三是抓好民族村寨的打造，引导困难群众成为景区的建设者、管理者和经营者；四是指导和组织农户参与古法造纸专业合作社，并帮助联系企业参与帮扶建设，打开产品销路，确保产业成功，保证农户收益。

石桥村旅游的发展有一个很好的方向，就是借助周围的景区带动发展。小七孔到西江是一条很好的旅游线路，而石桥村是小七孔到西江的必经之路，很多游客都会顺道来石桥村学习、体验造纸。依托此线路，石桥村可以获得一些游客资源。得天独厚的地理位置，“两古”古生物化石群，古法造纸，还有独特的大簸箕苗寨风情，这些都是石桥村丰富的旅游资源。

但是石桥村的旅游并没有呈现蓬勃发展的趋势，在新村古纸园的古纸文化展示中心可以看到石桥村旅游发展的历史及未来的发展计划与展望，现在看来，它的计划和展望尚未实现。自 2018 年以来，除了重大节庆外，石桥村的旅游基本处于停滞状态。古法造纸文化与旅游的发展并没有达到相辅相成的效果。

还有离新村直线距离 500 米的“古纸园”，刚发展旅游那几年这里还是一个有特色的景点，水源、造纸工具及展览厅等物质基础设施完备。而今天的

“古纸园”就静静地坐落在山间，失去了昔日的生机勃勃，一派杂草丛生的凋敝景象。这里投入了巨大资金，现在却处于荒废状态，仅有一位从北京来的造纸专家居住，长期在此从事纸产品的研发。这里作为石桥村旅游文化与交流接待中心，经常都是大门紧锁，连公共厕所都锁着，种种迹象显示，石桥村的旅游发展进入了“瓶颈期”。

图7.2　游客中心（席禹梅摄）

图7.3　远看古纸园（席禹梅摄）

图7.4　古纸园里的石桥村古纸文化展示中心（席禹梅摄）

图7.5　古纸园内空置的房（席禹梅摄）

当然，纸文化和旅游的契合度与石桥村民的观念也有关系。乡村旅游发展要充分调动原住民的参与积极性，注重文化传承和农户权益保护，从而实现乡村旅游发展与农村绿色可持续发展的一致性，实现乡村旅游多功能、多目标的价值。据调查得知，石桥村刚发展旅游时村民们都很积极，每家每户把自家的门面整理好，现在旅游发展不起来，村民对旅游的发展看不到希望，积极性也随之降低。

针对当下石桥村旅游发展的情况，村里的几位有为青年也在积极地寻找应对之策，希望推行一些更有意义的活动体验项目，能吸引游客来石桥村，能留住游客。比如，2019年以来，石桥村负责带游客的村民策划了“一条龙”的体验活动，如夜游、宿栖活动（即野外露营），这一活动比较适合亲子旅行团。负责接待游客的村民们，在石桥村选择一段安全的河流，让游客自由地沿着某段河流以徒步的方式在河边活动，衣食住行自理，村民就只负责安全，引导游客让他们自行活动。宿栖活动离村寨不能太远，晚上村民负责把帐篷、食物、工具等拿出去给游客，游客晚上在河里摸鱼、烧烤，还可以抓萤火虫。第二天，负责接待的村民买来当地土鸡，让游客自己做叫花鸡，还带来竹筒让他们尝试做竹筒饭。很多游客，尤其是小孩子，都很喜欢这些活动。第三天，带领游客采摘花草、树叶，让村里面知识文化水平较高的村民负责给小朋友教授萤火虫的饲养方法和植物标本的制作，教他们将树叶粘贴在笔记本里，并注释树叶的特征。最后，带领游客拿着自己采摘的花草、树叶亲自体验花草纸的制作，丰富的过程体验使整个旅游充满意义。当然，不同游客团体的活动安排，根据其具体的需求而定。

这些应对措施虽然有一定的作用，但是纸文化和旅游没有达到长期有效的结合，单凭村里面的几位有为青年是发展不起来的，需要全村村民的支持与协助，而且不能缺少政府和旅游局的合理规划与政策管理。

二、新兴扶贫产业需持续发力方能见成效

“产业兴旺”是乡村振兴的经济目标，而推动农村产业发展则是实现“生活富裕”的必然途径。农村产业发展应该坚持经济效益与社会效益、生态效益的有机统一，以综合效益为导向。实现乡村产业兴旺是乡村振兴的经济目标，追求产业的经济效益是产业发展的动力和源泉，但经济效益不应该成为唯一的追求目标。

石桥村有村级产业扶贫合作社，2018年利用全县“春风行动”“一减四增”等机遇，春季村“两委”组织合作社牵头30余户贫困户共同申请州投促局、

南皋乡等产业扶贫资金30余万元投入板蓝根及吊瓜种植，由合作社统一流转土地种植，优先请贫困户进行土地清理、搭架、施肥等，增加其务工收入并参与分红，并带动村里建档贫困户务工收入，户均年增收3600元以上。当前，吊瓜、板蓝根、蛋鸡养殖等产业已按照利益机制实现分红，古法造纸产业已建设落地，蔬菜产业正在推进中。全村基础设施明显改善，群众收入稳步增加，扶贫产业初具成效。

群众致贫原因主要有四类。一是群众技能不足，致富手段单一，存在“等、靠、要”的现象；二是产业发展基础薄弱，规模较小、效率不高，群众增收渠道狭窄；三是群众脱贫资源有限，扶贫资源投向分散、使用效率不高；四是政策落实的“最后一公里”不畅通，政策红利释放不充分。脱贫的主要困难有两个方面：一是需要进一步入户加强与群众交心谈心，做好政策宣讲，确保群众对扶贫政策和帮扶工作的认可。二是需要加强对村里产业的管理，完善产业管护机制，确保产业长期支撑本村发展，带动群众致富。

（一）石桥村蔬菜、吊瓜、板蓝根种植的实施方式

由南皋乡人民政府主管负责，将财政扶贫资金发给涉及村产业扶贫专业合作社，由涉及村产业扶贫专业合作社负责具体项目的实施，按照“公司＋合作社＋基地＋贫困户（农户）”的发展模式展开。石桥村新兴产业的发展有组织保障，成立产业发展项目实施领导小组，严格项目资金管理。同时也设有新兴扶贫种植产业中的风险与管控措施，包含自然风险及其管控、技术风险及其管控、市场风险及其管控。

（二）石桥村蔬菜、吊瓜、板蓝根种植的成效

1. 蔬菜种植

依托丹寨县南皋乡2017年蔬菜种植项目，在南皋乡公路沿线发展蔬菜种植300亩。经济效益：每亩平均出产蔬菜1750千克，均价2元/千克计，亩产值为3500元，扣除蔬菜苗250元/亩，土地整理、化肥、农药及种植750

元/亩，人工生产管理投入1900元/亩，每亩利润达600元，则300亩总利润18万元。社会效益：该项目的实施，盘活了公路沿线土地的使用，建立一个连片规模化的现代农业示范区，有效带动农业科学规模发展，为社会提供52.5吨蔬菜；增加农村劳动力就业机会，提高农民收入；引领发展农产业的能力不断提高。同时，项目建设过程中，吸收贫困劳动力就业，带动110余户贫困户发展，使农民年人均增收600元以上，促进南皋乡贫困农户脱贫致富。

石桥村种植绿叶蔬菜主要包括青菜、白菜、花菜、包菜等；茄果类蔬菜主要包括番茄、辣椒、茄子等；瓜类蔬菜主要包括黄瓜、南瓜、西葫芦等；豆类蔬菜主要包括菜豆、豇豆、豌豆；根类蔬菜包括胡萝卜、白萝卜以及葱、蒜等等。且南皋乡农业服务中心和产业专班引进先进适用栽培技术，试验成功后，通过合作社示范带动，推广给农户，以技术推动产业发展。石桥村种植蔬菜，引进先进适用技术，由乡政府提供专业的蔬菜种植技术培训和指导，村民不用担心蔬菜种植技术问题。且石桥村的蔬菜种植由合作社与相关企业合作，签署协议或订单，成为其原料供应基地，确定最低收购价，确保销路，降低市场风险。这些都是石桥村蔬菜种植的有力保障。

但是蔬菜的种植依然存在很多问题，如容易受自然环境和气候的影响。据笔者调查期间所见，石桥村公路边种植的蔬菜长势并不好，管理方面也不完善。公路边种的蔬菜种类很多，但是害虫咬食、杂草丛生的情况严重。蔬菜种植虽然形成一定的规模，但是没有市场竞争力，其发展与规划管理还有待提高。

2. 吊瓜种植

吊瓜种植的基本情况。经笔者实地调查与访谈了解到，吊瓜产业于2018年3月建成并使用，发展吊瓜种植20公顷，其中主要是太平坡村8公顷、石桥村5.3公顷。石桥村的吊瓜种植按照“合作社+基地+贫困户（农户）”的发展模式带动群众发展，并建立“721”机制进行利益分配，采取“土地流转、直接务工、参与分红”三重模式带动群众脱贫致富。目前已通过土地流转带动25户贫困户户均增收1200元以上，通过贫困户直接参与合作社务工带动30

余户贫困户户均增收 1500 元以上，基地用工 500 余人次，参与务工获劳务费共计 8 万余元，通过实施产业合作社年收入预计在 10 万元左右，下一步还将按 70% 利润进行分红，惠及全村贫困户 129 户，实现每年分红 700 元。

据村委会资料显示，石桥村实施中药材吊瓜种植 300 亩，选择吊瓜品种为“越篓 2 号”。由村级产业扶贫专业合作社与丹寨县浙丹食药用菌开发有限公司采购吊瓜种苗。吊瓜种植项目总投资 146 万元，其中申请财政扶贫资金 86 万元，对口帮扶资金 45 万元，自筹资金 15 万元。

表 7.1　吊瓜种植项目资金概算表

序号	项目投资内容	数量（亩）	单价（元）	投资金额（万元）				备注
				总金额	财政扶贫资金	对口帮扶资金	自筹资金	
1	种苗	300	1500	45		45		
2	肥料	300	200	6	6			
3	土地流转	300	500	15	15			
4	架子、铁丝、网等	300	800	24	24			
5	整地、挖沟、打堆、种植及搭架子等投入	300	800	24	24			
6	水、路等配套基础设施			17	17			
7	生产管理	300	500	15			15	
合计		1800	4300	146	86	45	15	

图7.6　未成熟的吊瓜（李世乾摄）

石桥村的吊瓜从进入石桥村小寨门开始沿公路两边种植，一直延伸到新村附近。从石桥村到吊瓜种植基地步行大概 15 分钟，开车 5 分钟就能到达。笔者了解到，石桥村的吊瓜用地是合作社向租村民的，由大簸箕苗寨村民王晓忠管理种植。其中水田和土地的租价不一样，1 亩田 800 元，1 亩地 500 元。今年是吊瓜种植的第二年，据吊瓜的种植管理员说，今年的吊瓜长势比前年好。笔者到石桥村实地调查期间，80 亩吊瓜大多长势较好，结的吊瓜数量多、质量好、个头大（1 个小碗的大小），只有几块土壤贫瘠、光照不好的地里吊瓜的个头较小，结的数量也少。吊瓜地沿着公路两边种植，交通情况也有利于采摘时的运输。每株苗大概结瓜 15 个，每亩栽苗 75 株，80 亩结瓜概算为 10 万个。具体的种植按每亩地的实际情况而定。吊瓜藤按距离前后左右 2 米的距离来栽植，有些稍微密集一点，有些又分散一点。每块吊瓜地里都有几棵只开花不结果的雄性吊瓜藤，雄花大多种在一块地的四角，这样方便它授粉。有几块吊瓜地里，吊瓜架下面还种有红薯或板蓝根。

图7.7 成熟的吊瓜（席禹梅摄）

吊瓜是村里的新兴扶贫产业，它的种植不仅产生了经济收益，还带动了村民的就业，尤其为年龄在 50 ～ 65 岁的妇女提供了就业机会。吊瓜的种植除了第一年基础设施的准备工作外，从发芽到采摘都需要大量的劳动力进行打理，比如引主藤上网、修剪枝丫、施肥、除草、摘瓜等工作。由于吊瓜遵循绿色种植，不使用杀草剂，从发芽到结果成熟都需要人工除草。农历六七月份降水量多，吊瓜地里的杂草长得快，不利于吊瓜藤养分的吸收，这段时间，吊瓜地里每天几乎都有 10 ～ 20 位石桥村妇女在除草。据王哥说，20 人需要连续 10 多天才能把 80 亩吊瓜地的草除完。吊瓜地的杂草长得比较快，几乎每两个月就需要除一次草，工人们除一天草的工钱是 80 元。石桥村的吊瓜在农历八九月份成熟，摘回去用机器把吊瓜的籽与壳分离，再请工人把吊瓜籽淘洗出来，放在大簸箕苗寨前面的停车场露天晒干。吊瓜籽成熟的时候呈黑色，晒干后变白色，瓜子仁很饱满，吃起来香香的。瓜子以 15 元或 16 元一斤的价格销售，村民们偶尔会来买一点，但大部分都是外地老板来收购或是附近超市的人员来收购。

图7.8　吊瓜籽（席禹梅 摄）

图7.9　吊瓜籽（席禹梅摄）

吊瓜除了有经济收益外，还具有很高的社会效益和生态效益。社会效益：吊瓜是葫芦科多年生草质藤本食药两用植物，其果皮、籽、根均可入药，被广泛用于治疗冠心病、心绞痛、糖尿病、急慢性支气管、乳腺炎、小儿隔热咳嗽喘病等症。吊瓜籽除药用外，还可以作为零食，内含人体所需的多种微量元素，适量食用，对肺热咳嗽、疾浊黄稠、胸痹、乳少、痈肿、便秘等均有良效，因此深受人们青睐。生态效益：吊瓜种植还具有适应性强、投资少、见效快、效益好等特点，吊瓜种植值得推广，可代替玉米种植，提高土地生产效益，容易形成当地特色主导产业，对保持水土也能起到很好的作用。

图7.10　未干的吊瓜籽（席禹梅摄）

图7.11　晒吊瓜籽（席禹梅摄）

吊瓜的种植是一个长期受益的过程，栽植一次吊瓜藤，它至少能连续收益 5 年。王晓忠说："我现在还不知道吊瓜藤能结果几年，等到藤老了才知道。（和葡萄树的翻新有些相似）我们种这个吊瓜不打农药，就是怕伤到瓜，要原生态的。"王晓忠的话可以体现出他的生态观念，通过原生态的绿色种植，确保吊瓜高品质生长，从而获得更多的收益，最终带动石桥村的经济发展，使村民过上幸福的生活。

吊瓜种植产业也存在一些问题，目前有个不可控制的因素就是气候。石桥村的吊瓜种植用的撑竿都是竹竿，其他地区用的是水泥柱。竹竿有 2 ～ 3 米高，不够稳定，容易受暴风雨的影响而导致吊瓜架坍塌。管理员打算下一年把竹竿换成水泥柱，且将柱子加高，便于吊瓜藤的生长。还有一个重要因素是村民不理解种植吊瓜的意义，他们觉得合作社租用他们的土地来种吊瓜，虽然有租金，但是远远比不上自家种植粮食的收益；再者就是吊瓜的粗加工过程中没有处理好环境卫生问题，成熟吊瓜的瓜瓤有一股很浓的粪臭味。据笔者所见，吊瓜承包者在分离吊瓜皮籽的过程中，弄得周围环境脏、乱、差，通过填埋来处理污物，瓜子的晾晒地也比较粗糙。

吊瓜种植项目仅仅开始两年，各方面运行机制和种植技术以及人们的认识等等都存在一些问题，吊瓜的种植还需要不断摸索与进步。

3. 板蓝根种植

板蓝根种植项目由丹寨县石桥纸香产业扶贫专业合作社实施。石桥村板蓝根种植基地于 2018 年 3 月建成并投入使用，种植面积 90 亩，基地按照“公司 + 合作社 + 基地 + 贫困户（农户）”的发展模式进行建设。

图7.12 板蓝根（李世乾摄）

板蓝根的种植有很多技术要点。（1）深翻整地，合理施肥。板蓝根是深根植物，适宜温暖湿润的气候，抗旱耐寒，怕涝，水浸后容易烂根，一般的土壤都可以种植，但是最好选择土壤疏松、排水良好的地种植。可以结合深翻整地合理施肥，每亩可以施农家肥 3000 ～ 4000 千克，二铵 15 千克，生物钾肥 4 千克，均匀地撒到地里并深翻 30 厘米以上，再做成 1 米宽的平畦，这样有利于根部的生长。（2）播种的时间与方法。板蓝根适宜春播，并且应适时播种，如果播种时间过早，抽薹开花早，不仅会造成减产，而且板蓝根的品质也会下降，最适宜的时间是 4 月 20 日～ 30 日。种子用 40℃～ 50℃温水浸泡 4 小时左右后，捞出并用草木灰拌匀，在畦面上开一条宽 20 厘米、深 1.5 厘米的浅沟，将种子均匀地撒在沟中，覆土 1 厘米左右，略微镇压，适当浇水保湿。温度适宜的情况下，7 ～ 10 天即可出苗。一般每亩用种量为 2 ～ 2.5 千克。（3）田间管理间苗、定苗，出苗后，当苗高为 7 ～ 8 厘米时按株距 6 ～ 10 厘米定苗，去弱留壮，缺苗补齐。苗高 10 ～ 12 厘米时结合中耕除草，按照株距 6 ～ 9 厘米、行距 10 ～ 15 厘米定苗。中耕除草：幼苗出土后浅耕，定苗后中耕。在杂草 3 ～ 5 叶时可以选择“精禾草克类”化学除草剂除禾本科杂草，每亩用药 40 毫升，兑水 50 千克。追肥浇水：收大青叶为主的，每年要追肥 3 次，第 1 次是在定植后，在行间开浅沟，每亩施入 10 ～ 15 千克尿素，及时浇水保湿。第 2 次、第 3 次是在收完大青叶以后追肥，为使植株生长旺盛，可以用农家肥适当配施磷钾肥，在生长旺盛的时期不割大青叶，并且少施氮肥，适当配施磷钾肥和草木灰，以促进根部生长粗大，提高产量。（4）采收，春播板蓝根在收根前可以收割 2 次叶子，第 1 次可在 6 月中旬，当苗高 20 厘米左右时从植株茎部距离地面 2 厘米处收割，有利于新叶的生长；第 2 次可在 8 月中下旬。高温天气不宜收割，以免造成成片死亡。收割的叶子晒干后即成药用的大青叶，以叶大、颜色墨绿、干净、少破碎、无霉味者为佳。板蓝根应在入冬前选择晴天采挖，挖时一定要深刨，避免刨断根部。起土后，去除泥土和茎叶，摊开晒至七八成干以后，扎成小捆再晒至全干。以根条长直、粗壮均匀、粉足者为佳。

板蓝根具有极高的社会效益，板蓝根种植可以调整农业产业结构，有效推进南皋乡中药材产业壮大发展，引发其他产业链条的联动。一是带动经济发展，板蓝根种植方式简单、生长周期短、见效快、效益高，容易带动农户发展，形成产业基地，带动一方经济发展。二是解决就业问题，在发展板蓝根种植的过程中，需要的劳动力多，可以有效解决当地农村富余劳动力就业问题，让他们既能务工又可以照顾家人。同时它也有生态效益，板蓝根种植可以推广粮药间种、林药间种等多种栽培模式，进一步发展中药材，缓解粮药、林药争地矛盾，对水土保持、绿化环境与生态重建也发挥了一定作用。

板蓝根的经济效益最为显著，板蓝根种植可以连续三年，一年板蓝根叶子鲜产品可采收 2 次以上，1 次亩产 2600 斤，亩年产 5200 斤，每斤 0.5 元保底收购，亩年产值 2600 元，90 亩年叶子鲜产品产值 23.40 万元，三年总产值 70.20 万元；3 年后板蓝根根部可以晒干后出售，干成品亩产 247 斤，每斤 1.5 元，亩产值 370.50 元，90 亩根部干成品总产值 3.33 万元。该项目总产值为 73.53 万元，扣除苗木、肥料、物料、劳力、土地流转等成本 56.31 万元，该项目纯利润为 17.22 万元，即项目年产利润 5.74 万元，每亩年产利润 637 元。

石桥村对板蓝根的种植没有形成规模化，没有市场竞争力。村民会用板蓝根来染布，而且大多是大簸箕苗寨的中老年妇女在染布，年轻一辈的村民很少会染布，长期下去，板蓝根在石桥村的需求会渐渐减少。石桥村村民没有充分认识利用板蓝根的药用价值，对它的认知仅停留在染布上，这样不利于板蓝根在村中的推广种植。

石桥村传统农业以种植业为主，主要种植水稻、玉米、红薯。石桥村也有养殖业，主要养殖黑毛猪、肉牛、斗鸡、斗牛等。石桥村荒寨有一家靠打铁为生的刘姓农户，他家打铁已有两代人，也算是一个小的家庭产业。1958 年，石桥村曾在与太平村相连的山脊中间（现进入石桥村小寨门的公路下面 500 米处）大田冲的位置开设煤厂，由于频繁出现安全问题和利益纠纷而倒闭。

三、一般性社会问题仍普遍存在

石桥村在政府的引导下，有具体的社会治理规章制度、乡规民约，有良好的家风及家庭、学校教育。最为关键的是石桥村民风淳朴，村民之间能相互学习、礼尚往来。村里很多制度、协会等把村民团结起来，他们像一股纽带一样，为创造美好幸福生活而共同奋斗。但是依然存在一些问题，比如休闲娱乐方式单一、缺乏对自身文化的自信、环境意识弱。

（一）休闲娱乐方式单一

据学者调研发现“在农民业余时间喜欢参加的活动中，看电视、打牌分别居于首位、次位”[①]。石桥村平时的节日较多，除了节日庆祝、走亲戚以外，人们的休闲娱乐方式单一。笔者在调查期间发现，石桥村村民在闲暇时间最常见的 4 种休闲娱乐方式为：看电视、玩手机或电脑、喝酒或喝茶闲聊、打牌或打麻将，都是比较单一化的娱乐消遣方式，而且较为私密，没有到更大的休闲娱乐的公共空间中去交流。

农历八九月份是农忙时节，到了农历十月，大家的闲暇时间较多，在比较寒冷的天气，村民大多是关门闭户地在房里烤炉火、看电视，其中老年人和小孩居多；少部分中青年人喜欢在家喝茶或喝酒聊天，多数中青年会约几个朋友在家里或者麻将馆里打牌、打麻将来消遣时间。其实，农村的休闲娱乐方法在全国各地都大同小异，农民选择看电视、上网、聊天、打牌或麻将等私人化休闲方式具有一定普遍性，这也折射出农村公共文化建设缺乏生命力的问题。

（二）村民缺乏对自身文化的自信

农民是乡村振兴的主体，也是乡村振兴最主要的内源动力。石桥村的造纸户在这种工业纸的冲击下变得不自信，他们在政府、媒体的帮助下大力宣传古法造纸，同时存在许多担忧，因此在介绍选纸技艺具体细节、精髓上有所保留。害怕外界了解造纸技艺的精髓后，石桥村的造纸业难以发展。受到工业纸的冲击，村民普遍购买工业纸，对石桥村手工纸的需求减少。以前，石桥村的

---

① 游祥斌、杨薇、郭昱青：《需求视角下的农村公共文化服务体系建设研究：基于 H 省 B 市的调查》，《中国行政管理》2013 年第 7 期。

造纸户很多，现在造纸户相对较少，有的人家只是阶段性地造纸，对于技艺被他人学习的担忧相当普遍。其实该担心的是，古法造纸技艺如何更好地传承下去、如何才能得到长期的发展。村民的担忧折射出石桥村古法造纸纸产品的市场压力，随着科学技术的革新，它面临着很多挑战，甚至面临消亡的危机。

石桥村在传承优秀工艺方面也有所欠缺，村民对自身的民族文化没有足够的自信。如对染布、刺绣、织布等手工艺的学习也越来越少，尤其是年轻一代的石桥村村民，他们更多的是选择外出务工，很少来传承、学习自己民族的传统技艺与文化，令人十分惋惜。

（三）村民环保意识弱

石桥村的发展离不开生态环境，良好的生态资源环境是石桥村人民赖以生存的家园。近年来有各种法律条文、规章制度、乡规民约都在强调保护生态环境。党的十九大报告提出，实施乡村振兴战略的其中一条就是“生态宜居”，生态宜居强调乡村振兴必须以人与自然和谐共生为基础。以石桥村保护水资源为例，石桥村的水资源除了山泉水之外，最重要的就是从村中间穿流而过的南皋河。村民对南皋河虽然有相关的条约保护，但是对河水的污染依然存在。村民对往河里排放生活用水、浸泡煮料等都有很多错误的认识，据村民王CS说：“以前的石桥村不存在河流污染的问题，河流有天然弱碱性的成分。现在大多造纸户规模小，他们造纸的污水也和我们的生活污水差不多。也有个别规模大的造纸户，对水的污染相对来说要大一点，但石桥村的造纸污染不是长年累月的，一年当中就那么几天，甚至几个小时。如果纸产品生意不景气，甚至没有生产，哪来的污染？”村民普遍认为他们造纸规模小，对河水的污染小，河水有自净能力，他们忽略了河水下游的生态环境，可持续发展的理念还很薄弱。

图7.13　在河中浸泡的构皮（席禹梅摄）

图7.14　新村河边的造纸坊（席禹梅摄）

图7.15　河边的煮料场地（席禹梅摄）

同时，村民在生活、生产中所产生的垃圾没有合理地收入垃圾箱，而是随意丢弃在路边或者直接在河边直接焚烧。

图7.16　乱扔的垃圾（席禹梅摄）

第三节　石桥村的发展路径

一、造纸技艺的传承与创新

石桥村造纸技艺的传承及文化的传播，需要坚持走以王兴武为代表的“复古路线”、以潘玉华为代表的“研学路线”、以韩怀彦为代表的“创新路线”。只有这样才能做到独具特色地长期发展下去。

（一）王兴武的复古路线

王兴武是古法造纸术的传人，经历了石桥古法造纸的巅峰与低谷，依然坚持造纸，这源于他对造纸的浓厚情怀，他正履行着对传统村落优秀传统文化传承、保护、发展的责任和义务。他说：“文化是传统村落的灵魂，保护好它就是保住了传统村落的魂，保住了根本，石桥通过开发促进保护，走出了一条独具特色的文化保护路。”

图7.17　古法造纸国家级非遗传承人王兴武（图片来自百度百科）

目前，全村造纸主要依靠丹寨县石桥黔山古法造纸专业合作社进行整合，王兴武通过分享自己的资源找订单，把订单任务分配给参合农户组织生产，合作社提供生产设备和场地，生产出的纸统一由合作社负责联系销售，将收益按劳动量比例返还给参合农户。合作社实行多劳多得、少劳少得、不劳不得的制度。王兴武作为古法造纸国家级传承人，成立合作社带动村里的造纸户，为村民提供就业机会，带动村里人共同致富。对于造纸，他一直强调古法、原生态，坚持打造“复古路线”来更好地传承古法技艺。

王兴武成立的合作社主要以生产白皮纸为主，白皮纸具有悠久的历史，承载着石桥几代人民的技艺与文化。大簸箕苗寨虽然不造纸，但是他们对石桥的古法造纸技艺及文化是认同的，在丧葬、祭祀和法事方面对于石桥的纸产品有较高的依赖性。石桥村的整个村寨在丧葬中都用到石桥造的白皮纸，如丧葬时的“装利”，即人死后装在棺材里的白皮纸。白皮纸柔软，具有很强的吸水性，石桥的白皮纸是纯手工制作，含有氧化钙的成分，呈弱碱性，防虫、防臭、韧性好，能更好地包住逝者（当地认为要把冤魂控制包裹在纸里面）。在人们的观念中，年纪小的人去世容易化成厉鬼，年纪长的老人死不瞑目也会化为厉鬼，用白皮纸包裹尸体有封锁厉鬼的意思。村民认为“阴间黑白无常用的白色拂尘就是白皮纸做的”。逝者上山下葬时焚烧的那些纸人也都是用石桥的白皮纸做的。总之，白皮纸在丧葬中的利用是“有鬼防鬼，没鬼防发臭”。“装利”仪式不仅体现了人们对石桥村白皮纸的用途，还体现村民对丧葬文化的一种理解，把给逝者在丧葬礼仪上用的白皮纸与冥界联系起来，说明石桥村民心灵对冥界的敬畏之情，也是希望逝者在冥界能不受罪。

调查发现，石桥村以及周围村落的鬼师或者道士，他们的手抄书本全部用石桥村造的纸，因为他们认为“石桥的纸耐虫蛀、耐腐蚀，有驱邪避鬼的作用”。其中，大簸箕苗寨村民进行祭祀活动时用石桥造的纸比较多，如挂红、打口舌、丧葬、挂青、做鬼事等等。大簸箕苗寨村民在祭祀、丧葬等活动中没有用工业纸，他们认为工业纸不吉利、不靠谱，用石桥村造的纸心里才踏实。过去，村民祭祀或者办鬼事，都会用石桥的纸剪“小人”来镇住鬼祟。村民对石桥村纸产品的运用其实是一种心理的寄托，也是对石桥村的纸有浓厚情感的体现。

以复古路线发展古法造纸在目前看来是行得通的，村里的各项信仰活动就能体现这一点。王兴武和村民相处融洽，是石桥古法造纸的带头人，合作社里面的成员和造纸户都是“复古路线”的坚实后盾，大家团结一心做到真正的依古法造纸，就能推动石桥村造纸的传承与发展。

（二）潘玉华的研学路线

潘玉华多年来致力于古法造纸技艺的传承、保护和传播工作，首创了“纸有石桥”“纸会唱歌”“纸有一套”等系列专题作品。倡导古法造纸必须从市场引导转为引导市场的理念，主张古法造纸分段式传承，从工艺之道升级为艺术之道，由艺术之道转化为生活之道，从师徒饭碗式传承跨界到师生创造性传承。

图7.18　国家级非遗皮纸制作技艺传承人潘玉华（图片来自百度百科）

图7.19　潘玉华的“纸会唱歌”基地与“度日如年”民宿（席禹梅摄）

图7.20　丹寨万达小镇“纸会唱歌”研学基地（席禹梅摄）

以前，石桥村生产的纸仅仅是单一的纸产品，大多造纸户单靠卖纸产品既赚不了多少钱，也得不到长期的收益。游客来旅游就是想看到一些独具特色的事物，而且相较单独买纸而言，游客更愿意学习一些新鲜的知识，抓住这个心理活动打造游客体验活动，开展一些关于做纸的有关课程，就能吸引更多的游客来石桥体验造纸、亲手做花草纸。在笔者与潘玉华的交流中，可以看出他是一位有远见、有使命感的古法造纸代表人物，他逐步探索一条研学路线来发展石桥村的造纸业，主要是到全国各地的一些小学、中学、高中、大学去讲学，传播石桥古法造纸技艺与文化，希望把研学路线推到国外更大的市场中去。

优秀传统文化的继承与发扬是国家文化振兴的重要渠道。目前潘玉华接的大多是学生团，来自全国各地的大学生来石桥学造纸，他们有的是为了完成论文或者是社会实践；有的来规范学习做花草纸；这样既完成他们的任务又对石桥的古法造纸文化起到宣传作用，还有利于纸产品的研发。有些人对纸的看法不同，能创新设计出一些纸产品。例如，曾经有一位台湾的教授和一位广州的书法家到石桥村学习体验造纸，他们在石桥产生了一些创意，打造了一款新的纸灯笼，据说他们制作的灯笼找不到接口和接缝，并且在灯光的照射下灯笼会发光。研学路线可以让学生通过体验、学习本土民间艺术，形成民族认同感和自豪感，有利于增强学生民族情感、提高审美能力，以达到培养学生民族精神、树立民族自信心的目的，促进石桥古法造纸技艺与文化的发展并且使其能长期存在下去。

潘玉华研学路线的发展带动了石桥村的经济增长。从当前的发展状况来看，这是比较可观的一条旅游发展线路，这也是促进石桥旅游发展必然要走的一种发展模式。他认为："石桥造纸只有靠研学路线，这张纸才走得远。"潘玉华在走研学路线之前到国内以及国外的很多造纸的地方考察，他曾多次自费前往菲律宾、尼泊尔、泰国、缅甸等国家中涉及造纸的地方，还跟随一些公益机构去泰国、法国、英国等国家中造纸的地方，和其他国家的造纸匠人沟通交流，探讨造纸术。国内很多造纸的地方他也都去过。他认为："只有了解国内国外造纸的状态，才能更好地了解石桥村古法造纸发展的状况，才能向他人宣传自己的纸文化。”这体现了潘玉华对古法造纸当下和将来发展的一种独到的见解与格局，也是石桥村造纸大户素养的体现。潘玉华尽到了古法造纸国家级传承人该有的义务与责任，在造纸户中起到一个很好的表率作用。这表明石桥村的造纸户除了懂造纸技艺外，还需要“精细”地了解纸文化，热爱自己的造纸技艺，同时还要在生产中不断摸索创新，向他人展示石桥纸文化的魅力。

潘玉华的研学路线得到了王伍生的积极响应，他也在积极学习造纸理论与实践，同时大力向外界宣传纸文化。石桥村的古法造纸要传承与发展必须加强“产学研合作”的道路，一是利于各类学生的学习与科研；二是利于石桥古法造纸文化的宣传推广；三是利于石桥村民在与外来人的接触中学习、交流文化，找到作为石桥古法造纸村的自信。

（三）韩怀彦创新路线

66岁的韩怀彦曾是摄影记者，2009年他在北京参加一个影视器材博览会时，看到一家日本企业展示的影像打印用纸，1平方米1200元，堪称天价，再细看产品介绍，韩怀彦想：“这工艺和材料不是来自中国吗？造纸术是中国四大发明之一，为什么到了现代，世界上最顶尖的纸品却在国外？比如水彩画纸最好的是在欧洲，最好的数码打印纸在日本。”韩怀彦本着自己对纸的理论研究和对造纸的热情，决定自己造纸。他想要在国内找一个地方，探索出一款比日本数码打印纸更好的影像打印纸。他寻找了很多地方都不合适，最后在好友的介绍下，于2011年从北京来到石桥村。

但是他走遍了石桥村所有的造纸作坊，都没有找到适合机器打印的手工构皮纸。石桥村造纸作坊所产的主要是装饰、修复古籍和国画用纸，没有适合数码打印用的纸。韩怀彦想：“能不能开发这样一款用苗族古法造纸技艺、手工制作的高档数码打印纸呢？”他的这一想法受到了丹寨县的旅游部门的支持，修建古纸园并于2013年底启用，县旅游发展前办公室主任陈方燕邀请韩怀彦和另外一位艺术家余建荣在石桥村古纸园住下，其中两栋古色古香的建筑就是他们的工作室“纸缘斋”。其爱人张玉兰也跟随韩怀彦留在石桥，从此，他们向造纸户学习古法造纸技艺，专心研发高端数码艺术纸和书画纸。他采取传统的选纸法开发出一种数码打印纸，这个数码打印纸能打印出彩色照片，看上去极像古典油画。

图7.21　石桥古纸园绘画打印纸制作人韩怀彦（席禹梅摄）

石桥造纸大多是家庭式作坊，质量控制全凭经验。这也是石桥造纸的一个特点，其实也是多数手工技艺的共同点，不适合纸产品的标准化生产。再者就是石桥造纸的工序比较粗糙，造纸过程中容易夹杂一些杂质，导致生产出来的纸产品有很多污点。对于这个问题，石桥造纸户没有更多的关注，这其实是要求生产过程更加细致化和做好卫生管理。而韩怀彦造的打印数码纸各方面要求较高，尤其要求精细的工序及充分的卫生条件。这一点也值得石桥各个造纸户学习。

延续传统的工艺辅以现代的手段，造出适应现代社会需要的纸张，这是韩怀彦来石桥的初衷，他经常做实验来研发新型的高端数码艺术纸和书画纸。韩怀彦居住的纸缘斋由主屋、凉亭、小池塘组成，进入主屋一楼有 3 个工作室，分别放着喷墨打印机、压纸机、打印出来的作品及各种工具，各个造纸环节都是精细化操作，打印出来的照片恰似油画般。目前，这种数码艺术纸已经达到世界先进水准，可与那款天价日本纸相媲美，而另一款书画纸则是需要私人订制才进行制作。在石桥的 6 年虽然条件艰苦，但石桥村生态环境良好，可以让韩怀彦远离城市的喧嚣、净化心灵，也许正是这样心无旁骛的专注，才能将造纸工艺做到极致。目前，他研制出的几款高端数码艺术纸和书画纸开始小批量生产。在他看来，造纸既是技术，也是工艺，更是科学。不忘初心，在传统的基础上创新是韩怀彦造纸的发展路线。目前，古纸园处在一个“空闲”的情况，但是他依然在纸缘斋里研发制作纸张。

图7.22　古纸园中韩怀彦的住所——纸缘斋（席禹梅摄）

据笔者了解，目前韩老师没有技术传承人，石桥的村民包括造纸户与韩老师少有往来，他们之间似乎存在一些误解，所以石桥村村民中也没有人来向韩老师学习这套造纸研发技术。韩老师个人表示，有想传承和发展石桥纸的人都可以来跟他学习技艺，他会毫无保留地传授，他来石桥的初衷也是希望给石桥村村民带来福利，因为种种原因导致现在的局面，是他不愿意看到的结果。他随时欢迎石桥村的村民向他学习造纸技艺，他也愿意与石桥造纸户学习交流，共同促进石桥造纸业的发展及造纸文化的传播，最终助推石桥村致富。韩怀彦的这条“创新路线”虽然现在发展艰辛，但它具备的可持续性是值得石桥造纸户去学习、借鉴的。

总而言之，石桥的古法造纸要得到发展必须走以上 3 条道路，而且让这

3 条路线结合起来才能达到更好的效果，石桥村古法造纸产业的发展及文化的传播，需要石桥村民的共同努力。做好古法造纸技艺传承的同时需具有创新精神，以创新的工艺带动古法工艺共同进步发展。发展古法造纸产业是石桥村整体发展的一条“智慧道路”。

二、保护生态，走绿色发展道路

自然环境是人类生存的基本条件，是人们发展生产、繁荣经济的物质源泉。石桥村的旅游发展刚刚起步时，2013 年 6 月，贵州省环境保护厅就指出石桥风景区属清水江流域，在加快风景区建设的同时要优先保护好环境，同步落实各项基础设施建设，保证风景区建成后对生活垃圾能够即产即清，生活污水处理达标后排放，确保该区域内的清水江水质不被破坏，保证该区域优美的生态环境始终作为旅游发展的强有力支撑。县环保局要积极编制石桥片区农村环境综合整治项目实施方案，向上级申请农村环境综合整治项目资金，支持丹寨县石桥风景区的环保设施建设。今天石桥的生态环境保护工作依然在推进，石桥村生态环境的保护需契合乡村振兴战略中的“生态宜居”。而且石桥村古法造纸尤其要重视环境保护，石桥的古法造纸技艺传承保留至今实属不易，在传承、保护发展的基础上做好生态环境的保护，才能促使造纸产业长远地发展下去。

三、增强石桥村民的文化自信

石桥村要实现乡村振兴，村民是最大的主体，必须要把石桥村村民的积极性、主动性、创造性调动起来。专家指出，实施乡村振兴战略，给村民带来的应不仅仅是资金、信息和先进的发展理念以及生产能力和生活消费水平的提升，更重要的是对乡村文化的自信和精神面貌的改变。

文化作为“一个包含知识、信仰、艺术、道德、法律、习俗以及作为社会成员所具有的其他能力和习惯的复杂整体”①，可以通过作用于人的精神层面

① 爱德华 · 泰勒：《原始文化》，蔡江浓译，浙江人民出版社，1988。

来改变和塑造相应的价值认知、思维观念及行为方式等。英国文化研究学者托尼·本尼特认为："如果把文化看作一系列历史特定制度形成的治理关系，目标是通过审美性文化的形式、技术和规则的社会体系实现广大人口思想行为的转变，文化就会更加让人信服地构想。"①

在石桥村乡村振兴发展中，只有将村民的主体性力量发挥与政府主导实施的政策结合起来，各项政策才能取得良好的效果。目前，村中有党员 64 名，党支部积极发挥战斗堡垒作用，担负直接教育党员、管理党员、监督党员和组织群众、宣传群众、凝聚群众、服务群众的职责。加强产业发展党建引领，发挥"三转"（懒转勤、勤转能、能转富）"三育"（把村两委班子成员培育成产业大户、把产业大户培育成村"两委"班子成员以及把产业大户、把能人和知识青年培育成党员）"三带"（党带群、强带弱、富带贫）等扶贫模式的作用，带领全村党员在脱贫攻坚中做先锋模范。在党支部的带领下，吊瓜、板蓝根、古法造纸等产业发展起来。同时，莫小富、潘玉华等党员目前已发展成为村里的致富带头人。第一书记、驻村干部、驻村工作队帮助村里理清工作思路，帮助党支部建设，积极谋划发展产业，壮大村集体经济收入，改善基础设施建设。他们心系群众，工作积极，全村面貌变化很大。村里的年轻一代是石桥各方面发展的希望，如青年协会就是一股新鲜的力量，政府、村干部及村民应给予大力支持。

"一个体系化、专业化、丰富化的公共文化服务网络可以形成文化启蒙网络"，在这一网络及其塑造的文化空间中，"无需言语和说教，任何置身于其中的人都能感受得到文明的召唤和精神的洗礼"。② 只有石桥村的村民对自身文化有自信，才能吸引外界来了解石桥村的文化，尤其是纸文化、苗族风俗文化、蜡染文化、织布文化。只有村民自身热爱本民族的传统文化，它才能在历史的长河中持续不断地流淌；只有村民做到不忘初心，勇于创新，才能使自己的家园走上一条良性发展之路。

---

① 托尼·本尼特：《文化与社会》，王杰、强东红译，广西师范大学出版社，2007。

② 闫小斌：《启蒙：农村公共文化服务之初始价值与使命》，《图书馆建设》2018 年第 5 期。

后　记

◎何茂莉

本书是“传统村落与乡村振兴”丛书项目成果之一。中国传统村落是指村落形成较早，拥有物质形态和非物质形态，有一定历史、文化、科学、艺术、经济、社会价值，应予以保护的村落。截至2018年年底，贵州省有725个传统村落，是我国传统村落的大本营，传统村落与丰富多彩的非物质文化遗产交相辉映，特别是黔东南，已经成为我国规模最大、内容最丰富、文化价值最高、保护状态最好、活态传承最佳的农耕文化家园之一，是中国传统村落分布最密集、保存最完整、最具民族特色的地区。传统村落是农耕文明的结晶，是民族历史文化的重要载体和靓丽的文化软实力名片，其中的不少村落还是精准脱贫攻坚的重要单元。以村寨民族志的形式阻滞传统村落的消失，实现传统村落的保护发展，是一项集保护传统、传承文化、留住乡愁、振兴乡村、全面小康等为一体的系统而又重要的工程。

按照项目要求，本书的田野调查工作于2019年6月启动，本人为小组负责人，成员有陈宏、姜昱竹、陈秀、张任辉、周萍、徐帆、李秋华、李世乾、席禹梅、杨天一，调查小组于同月制订好详细调研计划并展开调研工作。截至2019年10月，小组成员5次深入石桥村进行实地调查，掌握了大量的一手材料并拍摄了大量图片，还去丹寨县文史馆查阅了资料。各章基本材料的梳理人分别是，第一章：徐帆；第二章：周萍；第三章：席禹梅；第四章：陈秀；第五章：李秋华；第六章：张任辉；第七章：李世乾。

本书能够顺利完成，要感谢石桥村的乡亲，特别是村委会成员的理解和支持，还有古法造纸传承人王兴武、潘玉华、伍生以及各届村支书和村主任，他们热情、友好，帮我们克服了诸多困难，让我们获取了大量田野资料。此外，还要感谢丹寨县党史办雷有祥主任前期的沟通联络，感谢南皋乡赵泽鸿副乡长将我们介绍给当地负责人并为大家建立了“贵大传统村落调研”微信群，方便及时沟通，也感谢调查小组成员互相理解、鼓励与协作。由于时间紧迫，加之我们调查及写作的水平有限，在撰写过程中虽其心诚、其志坚，然终因学识有限，错讹疏漏在所难免，欢迎读者批评指正，我们将虚心接受并在今后努力改进。